데일 카네기의
성공습관

데일 카네기 시리즈 5
데일 카네기의 성공습관

1판 1쇄 펴냄 2015년   1월 15일
1판 2쇄 펴냄 2021년   5월 7일

지은이   데일 카네기
옮긴이   바른번역
펴낸이   하진석
펴낸곳   코너스톤
주소   서울시 마포구 독막로 15길 3-13
전화   02-518-3919
ISBN   979-11-85546-16-2 14320

데일 카네기의

성공습관

데일 카네기 지음 바른번역 옮김

By Dale Carnegie

코너스톤
Cornerstone

시대의 변화를 이겨낸
고전 중의 고전

    모든 것이 워낙 빨리 변화하는 요즘은 불과 한두 해 전의 상품이나 기술, 노하우 등도 시대에 뒤떨어진 퇴물이 되기 십상이다. 이러한 시대상에 맞춰 성공의 방법, 대화의 기술, 인맥을 잘 형성할 수 있는 비법을 가르쳐준다는 책들 역시 하루가 멀다 하고 쏟아져나오고 있는 실정이다. 하지만 그럼에도 불구하고 약 60년 전 세상을 뜬 데일 카네기의 저서들은 아직도 많은 사람들의 사랑을 받으며, 스테디셀러 목록에 굳건히 자리를 잡고 있다. 데일 카네기가 왕성하게 활동하던 시기는 벌써 한 세기가 다 되어가는 오래전인데도 말이다. 그의 조언이 시대를 뛰어넘어 계속 사랑받는 이유는 무엇일까?

    아무리 시간이 흐르고 사회가 변한다 하더라도 인간의 기본적이고 핵심적인 자질은 변하지 않는다. 카네기가 쓴 책들은 학계의 연구자들이 쓴 책처럼 과학적 방법론에 따른 이론 전개나 학문적 성과를 주 내용으로 하고 있지는 않다. 그보다는 카네기 자신이 오랫동안 직장인, 경영자, 주부 등 많은 성인들에게 효과적인 커뮤니케이션 방법과 인간관계를 개선하는 방법을 가르쳐오면서 직접 경험으로 체득한 효과적인 기술에 대해 이야기하고 있다. 따라서 연역적이라기보다는 귀납적이고, 이론적이라기보다는 실증적이라는 특색 때문에 책을 읽는 독자들이 보다 쉽게 공감하게 된다.

카네기가 주목하고 연구한 수많은 사람 가운데는 유명 인사도 있지만, 널리 알려지진 않았더라도 자기 방면에서 성공을 거두며 행복하게 살아가는 사람도 많다. 카네기가 여러 책에서 자주 언급할 정도로 존경하던 인물은 링컨 대통령이다. 링컨 대통령은 부유한 가문 출신도 아니고, 외모가 좋았던 것도 아니었으며, 훌륭한 교육을 받은 것은 더더욱 아니었다. 상류사회 출신이 아닌지라 도움을 받을 별다른 인맥도 없었다. 대통령이 된 다음에도 많이 배우고 많이 가진 사람들로부터 무시당하기 일쑤였고, 원치 않은 결혼으로 인해 가정생활도 불행했다. 하지만 링컨은 여러 가지 불리한 점을 오히려 성공을 위한 원동력으로 삼았으며, 힘으로 밀어붙일 수 없는 약한 처지였기 때문에 매사에 정치력을 발휘할 수 있었다.

링컨 이외에도 카네기는 1세기 전 세계 각지에서 성공을 일구어낸 여러 유명 인사들에 관해 조사했다. 그러고는 그들이 성공을 일구어낼 수 있었던 작은 차이가 무엇인지에 집중했다. 카네기 스쿨을 통해 수많은 수강생들의 삶을 개선시키면서, 그들이 변화해간 드라마틱한 사례들 역시 책에 수록해놓았다.

고전이란 오랜 시간에 걸쳐 많은 사람들에게 널리 읽히면서 검증된 작품을 말한다. 고전은 시대의 변화를 이기며, 변치 않는 가치를 가진다. 아무리 시대가 급변한다 하더라도 인간사에는 변치 않는 가치, 불변의 원칙이 있기 마련이다. 그런 면에서 인간과 인간 사이의 관계에 집중한 데일 카네기의 저서들은 고전의 반열에 오른 것이 아닌가 생각된다.

수많은 고전들은 계속해서 새로 번역되곤 한다. 사실 시대적 차이 때문에 고전의 번역은 현대 저작물에 비해 녹록치 않다. 하지만 새로이 번역될 때마다 현대의 독자들이 빠르고 정확하게 이해할 수 있도록 대부분 개선되어간다. 데일 카네기의 책 역시 이미 여러 차례 번역되어 우리나라에 소개된 바 있지만, 당시의 시대상을 제대로 이해하지 못한 관계로 어이없는 오역이 심심치 않게 발견되곤 했다. 물론 이 번역본 역시 아무런 흠 없이 완벽하다고 할 수는 없겠지만, 가독성을 높이면서 카네기의 저술 원본이 가진 분위기와 메시지를 변색시키는 일이 없도록 최대한 노력했다.

성공을 향한 자신만의 길을 찾는 가장 쉽고 효과적인 방법은 자신의 멘토를 찾고 그의 삶을 들여다보는 것이다. 카네기는 자신이 가장 존경하는 링컨은 물론이고, 우리 주변, 아니 1세기 전에 행복하고 성공한 삶을 살다 간 많은 사람들의 사례와 그들의 성공 노하우를 우리에게 전해주고 있다. 이 책을 번역하며 수많은 사람들의 삶을 변화시킨 그의 조언을 간접적으로나마 전해 들을 수 있었던 것은 나로서도 큰 행운이었다.

역자들을 대표하며

바른번역 김명철

차
례

옮긴이의 글 | 시대의 변화를 이겨낸 고전 중의 고전 — 4

1 퀴리 부인 — 15

추위를 피해 침대 위에 의자를 두고 그 아래서
잠들어야 했던 세계적인 여성 과학자

2 헬렌 켈러 — 22

듣지도 보지도 말하지도 못했지만
나폴레옹에 견줄 만큼 위대한 소녀

3 앤드류 카네기 — 27

세상에서 가장 많은 백만장자를 배출해낸 철강 왕

4 존 데이비슨 록펠러 — 33

장래성이 없다고 청혼을 거절당했던 석유 왕

5 플로렌즈 지그펠드 — 37

역사상 그 누구보다
많은 미인들의 전화번호를 알았던 쇼 연출가

6 엔리코 카루소 — 44

맨발로 농사지으며 음악 교육을 시킨 어머니 덕분에
세계 최고의 성악가가 된 아들

7 로버트 팔콘 스콧 — 50

남극의 비밀을 찾아 떠났다가
신의 비밀을 발견한 탐험가

8 로렌스 티베트 — 55

방세를 내기 위해 포도송이를 땄지만
나중에는 목소리로 부와 명예를 얻은 성악가

9 윌리엄 셰익스피어 — 60

원치 않는 결혼을 해야 했던 극작가

10 찰스 디킨스 — 65

4년밖에 학교를 다니지 않았지만
17편이나 되는 불후의 명작을 쓴 작가

11 마크 트웨인 — 70

사업 수완이 형편없던 위대한 작가

12 마틴 존슨 — 80

"요리할 줄 아세요?"라는 세 마디에 이끌려
지구 끝까지 여행한 탐험가

13 하워드 서스턴 — 87

기차를 잘못 타는 바람에
유명한 마술사가 된 전직 선교사

14 윌리엄 랜돌프 허스트 — 93

2센트짜리 신문을 팔아 스페인의 성,
뻐꾸기시계, 이집트 미라를 수집하는 언론사의 거물

15 라이오넬 배리모어 — 98

26세에 인기 스타, 53세에 퇴물,
57세에 다시 미국 최고가 된 배우

16 서머싯 몸 — 102

'신경 쓸 만한 가치가 없는' 작품으로
〈햄릿〉 이후 가장 위대한 희곡을 만들어낸 작가

17 클래런스 대로 — 107

어릴 적 겪었던 모욕이 만든
당대 최고의 형사 전문 변호사

18 클라이드 비티 — 112

사자 입 안에 머리를 집어넣겠다면 방독면이 필수다!
최고의 맹수 조련사

19 메이요 형제 — 118

마을 전체를 파괴한 재난과 정신 질환으로부터
세상을 구한 의사 메이요 형제

20 레오 톨스토이 — 123

자신이 쓴 세계의 걸작 두 편을 부끄러워한 위대한 작가

21 존 피어폰트 모건 — 128

총과 폭탄에도 꿈적하지 않은
월스트리트의 거물

22 에반젤린 부스 — 134

수천 명의 남자에게 받은 청혼을 거절하고
거세게 날뛰는 말 위에 올라탄 구세군 사령관

23 빌리 선데이 — 140

수많은 영혼을 구원의 길로 이끈
야구 선수 출신의 목사

24 시어도어 루스벨트 — 144

가슴에 총을 맞고서도 계속 연설한 대통령

25 우드로 윌슨 — 149

역사상 가장 큰 기회를 잡았지만
사람 다루는 능력이 부족해서 실패한 대통령

26 잭 런던 — 154

고등학교 과정을 석 달 만에 끝마치고
18년 동안 51권의 책을 쓴 《야성의 부름》의 작가

27 칙 세일 — 159

한 단어당 49.49달러를 받은 소설을 썼으면서도
괜히 썼다고 후회한 작가

28 프랜시스 예이츠 브라운 — 163

영화에서는 보여주지 않았던
벵골 창기병의 삶을 실제로 살았던 작가

29 앨 졸슨 — 169

10센트가 없어서 죽을 운명이었음에도
나중에 100만 달러짜리 계약서를 찢어버린 배우

30 싱클레어 루이스 — 174

네 군데의 신문사에서 해고당했고
노벨상 수상 소식을 농담으로 알았던 작가

31 다이아몬드 짐 브래디 — 179

청혼을 하며 100만 달러를 건넨 통 큰 사업가

32 헤티 그린 — 184

읽고 난 조간신문을 되팔고 7월의 땡볕 아래 천 조각을 모으던
당대 최고의 여자 갑부

33 존 배리모어 — 188

하루에 5000달러를 벌면서
애완용 독수리 먹이를 찾아 쓰레기통을 뒤진 영화배우

34 엘리 컬버트슨 — 196

도박장 밖으로 나가 싸우는 동안
1만 달러를 번 카드 게이머

35 웬델 가문 — 201

뉴욕에서 가장 기묘한 부자 가족

36 바실 자하로프 — 206

당신이 아는 사람의 죽음에
책임이 있을지도 모를 무기상

37 바이런 경 — 211

담배를 씹고 손톱을 물어뜯으며
해골에 포도주를 따라 마신 '완벽한 연인'이던 시인

영혼의 아름다움은 계속되는 불행을
침착하게 참아낼 때 빛난다.
인내는 불행을 못 느끼기 때문이 아니라
뛰어나고 영웅적인 기질 때문에 생긴다.

— 아리스토텔레스

Five

minute

biographies

for

your

success

1
퀴리 부인

추위를 피해 침대 위에 의자를 두고 그 아래서
잠들어야 했던 세계적인 여성 과학자

　퀴리 부인은 사람들에게 천년이 지나도 기억될 만한 몇 안
되는 여성 중의 한 명이다. 그녀는 수줍음 많고 소심한 폴란드
계 소녀였지만, 당시 위대한 과학자들이 불가능하다고 여겼던
것을 발견해낸 여성이다. 과학계에 알려진 원소와는 전적으로
다른 새로운 원소를 발견한 것이다. 그녀는 에너지를 끊임없이
방출하는 그 원소를 '라듐'이라고 이름 지었다.

　라듐의 가장 큰 공적은 암에 대항한다는 것이다. 수많은 암
환자들이 라듐 덕분에 완치되거나 끔찍한 고통을 덜 수 있었으
며, 몇 년간 수명이 연장되었다는 사례도 많았다.

　퀴리 부인이 결혼 전 파리 대학에서 물리학과 수학을 공부
하던 시절, 그녀는 굶주림으로 거의 쓰러질 정도로 무척 가난
했다. 그로부터 52년 뒤 한 영화사에서 100만 달러가 넘는 돈
을 투자해 그녀의 일대기를 영화화한다는 걸 그때의 퀴리 부
인이 알았더라면 얼마나 놀랐을까! 과학 분야에서 유일하게

노벨상을 두 번이나 수상하게 되는 사람이 자신이라는 걸 그때 알았더라면 그녀는 얼마나 더 놀랐을까! 그녀는 1903년과 1911년, 각각 물리학 분야와 화학 분야에서의 독보적인 성과로 두 번의 노벨상을 받았다.

하지만 그녀가 폴란드에 살던 어린 시절, 오만하고 부유한 어느 집안에게 모욕을 당하지 않았더라면 그녀는 라듐을 발견하기는커녕 과학자가 되지도 못했을 것이다.

그 사연은 다음과 같다.

퀴리 부인이 열아홉 살이었을 때, 그녀는 폴란드의 부유한 가정에 고용되었다. 열 살 된 그 집 딸의 숙제를 도와주고 돌보는 것이 그녀의 일이었다. 어느 날 그 집의 큰아들이 크리스마스를 맞이해 대학 기숙사에서 돌아왔다. 그는 새로 온 가정교사와 춤을 추고 스케이트도 타러 다녔다. 그는 그녀의 훌륭한 매너에 반했고, 그녀의 뛰어난 재치와 시적 재능에 감탄했다. 그는 곧 그녀와 사랑에 빠져 청혼을 했다. 하지만 그 소식을 들은 그의 어머니는 거의 기절할 지경이었고, 아버지는 몹시 격노했다.

"세상에, 내 아들이 돈 한 푼 없는 여자에게 청혼을 하다니! 그것도 내세울 것 하나 없이 남의 집에서 가정교사나 하는 여자에게!"

장차 퀴리 부인이 될 이 소녀는 면전에서 심한 모욕을 당하고 큰 충격에 빠졌다. 그녀는 그 충격으로 인해 결혼을 포기하고, 파리로 가서 공부하며 자신의 일생을 과학 연구에 바치기로 결심했다.

1891년, 당시 이름이 마리아 스쿼도프스카였던 이 젊은 폴란드 여성은 파리 대학의 과학 과정에 등록했다. 그녀는 수줍음 많고 내성적인 성격 탓에 친구를 사귀기 어려웠고, 그나마 연구에 몰두하느라 친구를 만들 시간조차 없었다. 연구를 하지 않는 시간은 쓸데없는 낭비라고 생각했기 때문이다.

대학 4년 동안 그녀는 가정교사를 하며 저축했던 약간의 돈과 폴란드에서 수학 교사를 하는 아버지가 가끔씩 보내주는 푼돈으로 살아야 했다. 방세와 식비, 옷, 난방비, 그리고 대학의 비싼 등록금을 내느라 하루에 60센트로 견뎌야 했다. 그녀의 방은 천장에 창문이 달린 다락방이었고, 가스도 전등도 없었다.

가장 최악인 것은 난방시설이 없다는 사실이었다. 그녀는 간신히 석탄 두 부대를 사서 기나긴 겨울을 견뎠다. 얼마 되지 않는 석탄을 아끼기 위해 그녀는 겨울밤에도 종종 불을 피우지 않은 채 어깨를 덜덜 떨며 꽁꽁 언 손가락으로 수학 문제를 풀었다. 그러다 잠자리에 들 때면 트렁크에서 수건과 베갯잇, 침대보, 여벌의 옷을 꺼내 모두 침대 위에 깔았다. 조금이라도 더 따뜻하기를 바라서였지만 추위는 여전했다. 가끔 그녀는 찬 기운을 막는 데 도움이 될까 하는 절박한 심정으로 의자를 침대 위에 올려놓고 그 밑에서 잠들기도 했다.

그녀에게는 요리할 재료도 얼마 없었지만 그나마 요리할 시간도 없었다. 연구에 쏟아야 할 귀중한 시간을 뺏기기 싫었기 때문이다. 그녀는 약간의 빵과 버터, 묽은 차만 마시며 몇 주씩이나 버티곤 했는데, 그러다 현기증 때문에 침대에 쓰러져 의식을 잃는 경우도 많았다. 의식을 차린 그녀는 혼자 묻곤 했다. "내가 왜 기절했던 거지?" 그녀는 자신이 만성 영양실조 상태라는 사실을 인정하기 싫었던 것이다. 한번은 수업 시간에 정신을 잃은 적도 있었는데, 그녀는 의사에게 며칠 동안 체리 몇 개와 당근 한 봉지만 먹으며 버텼다고 고백했다.

하지만 파리의 한 다락방에서 힘들어하는 이 학생을 동정하지는 말자. 10년 후에는 세상에서 가장 유명한 여성이 될 운명이니까. 그녀는 자신의 연구에 심취해 있었고, 지식에 대한 갈망에 사로잡혔기 때문에 배고픔은 그녀를 흔들지 못했고 추위도 그녀의 열정을 꺼뜨리지 못했다.

파리에 온 지 3년이 되었을 때, 마리아 스쿼도프스카는 자신의 고단한 삶에 유일한 행복을 주었던 남자와 결혼했다. 그의 이름은 피에르 퀴리였고, 그녀처럼 과학에 푹 빠져 있었다. 그는 당시 서른다섯 살 청년이었지만 이미 프랑스에서 인정받는 뛰어난 과학자였다.

결혼식 날, 가진 거라고는 자전거 두 대뿐이었던 그들은 프랑스의 시골 마을로 신혼여행을 떠났다. 자전거를 타고 이동하며 낮에는 빵과 치즈, 과일을 먹고, 밤에는 따스한 촛불이 낡은 벽지 위에 기이한 그림자들을 드리우는 마을 여관에서 잠들었다.

3년 뒤, 퀴리 부인은 박사 학위를 준비하고 있었다. 박사 학위를 받으려면 졸업 논문에 참신한 과학 연구 결과가 포함되어야 했다. 그녀는 자신의 박사 논문을 위해 당시 발견된 우라늄이라는 원소가 빛을 뿜어내는 원인을 밝혀내기로 마음먹었다.

드디어 신비롭고 매혹적인 화학의 세계로 떠나는 위대한 과학 모험이 시작된 것이다.

퀴리 부인은 이미 알려진 모든 화학물질과 수백 가지의 광물들을 이용해 그것들도 우라늄처럼 신비한 빛을 만들어내는지 실험해보았다. 그 결과 이 강력한 광선들은 어떤 미지의 원소에 의해 방출된다는 사실을 알게 되었다.

결국 남편인 피에르 퀴리도 자신의 실험을 중단하고 부인을 도와 이 신비롭고 새로운 원소가 무엇인지 연구하기 시작했다.

몇 개월의 실험 끝에 퀴리 부인과 그녀의 남편은 과학계를 뒤흔들 만한 폭탄선언을 한다. 그들이 우라늄보다 200만 배나 더 강력한 방사능을 지닌 새로운 원소를 발견했다고 발표한 것이다. 이 원소에서 나온 빛은 나무나 돌, 강철과 구리를 통과할 수 있으며, 두꺼운 납판을 제외하고 어떤 것으로도 그 빛을 막을 수 없다고 단언했다. 만일 이 결과가 사실이라면 지난 수백 년간 과학자들이 믿어온 모든 이론 체계가 무너질 판이었다.

그들은 이 기적의 물질을 라듐이라고 칭했다.

라듐은 기존의 원소들과는 너무나 다른 생소한 물질이었기에 원로 과학자들은 라듐의 존재를 인정할 수 없다며 증거를 요구했다. 또 자신들에게 순수한 라듐을 보여주면 직접 시험하고 관찰해 원자량을 알아내겠다고 말했다.

퀴리 부부는 라듐의 존재를 증명하기 위해 4년간(1898~1902년) 더 연구를 진행했고, 드디어 조그만 완두콩의 절반 정도 분량인 1데시그램의 라듐을 추출해냈다.

어떻게 이게 가능했을까? 이 연구를 위해 퀴리 부부는 무려 8톤의 광석을 끓이고 정제했다. 그들은 의대생들이 이전에 해부실로 쓰던 낡고 버려진 헛간에서 작업했는데 연구실로는 적당하지 않은 곳이었다. 마룻바닥도 아니었고, 지붕에서는 물이 샜으며, 낡은 난로는 전혀 제구실을 하지 못해 겨울에는 밖에 있는 것처럼 추웠다. 광석과 화학물질을 끓일 때 나오는 독한 연기 때문에 퀴리 부인은 눈이 따갑고 목도 아팠다. 두 사람은 4년간 이러한 악조건 속에서 연구에 몰두했다.

남편은 점점 의욕을 잃고 형편이 좋아질 때까지 연구를 중단하고 싶어 했지만 퀴리 부인은 포기하지 않았다. 그들은 끊임없이 연구했고, 마침내 1데시그램의 라듐을 만들어낼 수 있었다.

라듐을 발견함으로써 퀴리 부인은 세상에서 가장 유명하고 뛰어난 여성이 되었다. 그런데 그때가 그녀의 가장 행복한 순간이었을까?

아니, 그렇지 않았다. 그녀는 지저분하고 낡은 헛간에서 연구하며 가난에 쪼들리던 시절, 추위에 떨고 피곤에 쓰러지던 그 시절이 가장 행복했다고 고백했다. 자신이 좋아하는 연구에만 오롯이 몰두했던 시절이었기 때문이다.

1902년, 퀴리 부부는 상업과학과 순수과학에서 무엇을 선택할 것인지 결정을 내려야 했다. 그 당시 라듐이 암 치료에 매우 효과적이라는 사실이 밝혀지면서 라듐에 대한 수요는 점점 증가하고 있었지만, 만들 수 있는 사람은 이 세상에 퀴리 부부밖에 없었다. 그래서 그들이 마음만 먹으면 독자적인 라듐 추출

기술로 특허를 받고, 전 세계에서 생산되는 모든 라듐에 대해 로열티를 요구할 수도 있었다.

라듐이 영리를 목적으로 생산되어 퀴리 부부가 기업으로부터 로열티를 받는다고 해도 그들을 비난할 사람은 아무도 없었을 것이다. 그 로열티는 그들 가정의 경제적 안정, 고된 일상과의 이별, 그리고 연구를 위한 훌륭한 실험실 등을 보장했을 것이다. 하지만 퀴리 부인이 자신의 발견에 대해 일체의 보상을 거절한 것을 보면 인간 본성에는 각자의 신념이 있다는 것을 알 수 있다.

"결코 있을 수 없는 일입니다." 그녀는 말했다. "그런 행동은 과학 정신에 위배됩니다. 라듐은 질병 치료에 사용될 텐데, 그걸 이용해서 이익을 취한다는 건 있을 수 없는 일입니다."

그리스도와 같은 박애의 정신으로 그녀는 부와 가난, 평탄한 삶과 헌신의 삶 사이에서 영원히 남을 결정을 내렸다.

2
헬렌 켈러

듣지도 보지도 말하지도 못했지만
나폴레옹에 견줄 만큼 위대한 소녀

언젠가 마크 트웨인은 이런 말을 했다. "나폴레옹과 헬렌 켈러는 19세기의 가장 흥미로운 인물들이다."

마크 트웨인이 이렇게 말했을 때 헬렌 켈러는 겨우 열다섯 살이었지만, 오늘날까지도 여전히 그녀는 가장 흥미로운 인물 중 하나로 남아 있다.

헬렌 켈러는 앞을 전혀 볼 수 없었지만, 볼 수 있는 사람들보다 훨씬 더 많은 책을 읽었다. 그녀는 보통 사람보다 약 100배나 책을 많이 읽었으며, 11권의 책을 쓴 저자이기도 하다. 또 자신의 자전적 영화를 만들고 직접 출연도 했다. 그녀는 소리를 전혀 들을 수 없었지만, 들을 수 있는 사람들보다 더 많은 음악을 즐겼다.

말하는 법을 배우기 전까지 그녀는 9년 동안 말을 하지 못했지만, 그 후에는 미국의 모든 주에서 강연을 했다. 또 4년 동안 보드빌(당시 버라이어티 쇼―옮긴이)의 주연배우로 활동하며 유럽

전역을 순회하기도 했다.

헬렌 켈러는 정상아로 태어났다. 생후 1년 6개월 동안은 다른 아이들처럼 보고 들을 수 있었을 뿐 아니라 말도 배우기 시작했다. 그러던 그녀에게 어느 날 갑자기 엄청난 비극이 찾아왔다. 몹쓸 병에 걸려 태어난 지 19개월 만에 그녀는 모든 것을 빼앗겨 버렸다. 더 이상 볼 수도, 들을 수도, 말할 수도 없게 된 것이다.

이후 그녀는 정글 속 야생동물처럼 자라기 시작했다. 그녀는 마음에 안 드는 물건이 있으면 무엇이든 던지고 박살냈으며, 음식을 먹을 땐 두 손 가득 들고 게걸스럽게 집어삼켰다. 누군가 그런 행동을 바로잡아주려 하면 그녀는 바닥에 누워 발로 차고 몸부림치면서 괴성을 질러댔다.

절망에 빠진 헬렌 켈러의 부모는 딸을 보스턴에 있는 퍼킨스 맹인 학교에 보내 그녀를 가르칠 만한 선생을 찾았다. 그리고 마침내 어둠뿐인 그녀의 인생에 한줄기 빛처럼 앤 맨스필드 설리번이 다가왔다. 설리번 선생이 듣지도, 보지도, 말하지도 못하는 아이를 가르치겠다는 과업을 맡고 퍼킨스 학교를 떠났을 때 그녀의 나이는 겨우 스무 살이었다. 그녀는 극심한 가난으로 인해 비극으로 가득 찬 삶을 살아왔다.

앤 설리번은 열 살 때 남동생과 함께 매사추세츠 주 턱스베리에 있는 빈민촌으로 보내졌다. 그곳에는 사람들이 너무 많아서 설리번 남매는 매장되기 전의 시체들을 보관하는 시체실에서 잠들어야 했다. 남동생은 병이 들어 6개월 뒤 죽었다. 앤도 겨우 열네 살의 나이에 시력을 거의 잃어 퍼킨스 맹인 학교로 보내졌고, 그곳에서 손가락으로 글 읽는 법을 배웠다. 하지만 당시 시력을 완전히 잃은 것은 아니었다. 그녀의 시력은 호전되었다. 그녀가 완전히 시력을 잃은 것은 그로부터 50년 뒤 죽음을 맞이하기 직전이었다.

나는 앤 설리번이 헬렌 켈러와 함께 만들어낸 기적을 겨우 몇 마디의 말로 명확하게 표현할 수 없다. 또한 한 달이라는 짧은 기간에 어둠과 침묵 속에 지내던 아이와 어떻게 소통하게 되었는지에 대해서도 마찬가지다. 이 이야기는 헬렌 켈러의 자서전 《내 삶의 이야기》에 잊을 수 없는 순간으로 소개되어 있다. 그 책을 읽었던 사람이라면 듣지도, 보지도, 말하지도 못하던 어린아이가 처음으로 인간의 언어에 대해 깨우친 날, 벅찬 성취감에 젖어 고백했던 말을 기억할 것이다.

"그 굉장했던 하루를 마감하며 침대에 누워 있던 나보다 더 행복한 아이를 찾는 건 어려울 것이다. 그날 느꼈던 성취감을 가슴에 되새기며 나는 처음으로 내일이 오길 기다렸다"라고 헬렌은 말했다.

헬렌 켈러가 스무 살이 되었을 때, 그녀의 학업 능력은 크게 발전해 래드클리프 대학에 입학할 수 있게 되었다. 그녀를 위해 설리번도 함께했다. 그 당시 헬렌은 대학의 다른 학생들처럼 읽고 쓰는 것뿐 아니라 말을 할 수 있는 능력도 되찾았다.

그녀가 처음으로 배운 문장은 "저는 이제 벙어리가 아닙니다"였다. 헬렌은 기적과도 같은 이 놀라운 상황에 전율하며 몇 번이고 반복해서 말했다. "저는 이제 벙어리가 아닙니다."

말하기에 익숙해진 그녀의 말투에는 외국인의 억양이 살짝 묻어났다. 그녀는 맹인용 점자 타자기로 책과 잡지 기사를 썼으며, 수정할 사항이 생길 때는 종이 여백에 머리핀으로 작은 구멍을 뚫었다.

나는 가끔 그녀가 걸어가며 혼잣말하는 것을 본 적이 있다. 하지만 우리가 하듯 입술을 움직이는 게 아닌 손가락을 움직여서 기호로 표현했다. 헬렌의 비서는 그녀의 방향감각이 우리보다 좋지 못하다고 일러주었다.

헬렌은 집 안에서도 자주 길을 잃었고, 가구의 위치가 바뀌면 무척 당황했다고 한다. 사람들은 그녀가 시력을 잃은 대신 뛰어난 육감을 가졌으리라 생각했지만, 과학적으로 실험한 결과 그녀의 미각과 후각은 일반인들과 다를 바 없었다.

그러나 촉각은 매우 예민해서 친구들이 말할 때 그 입술에 살짝 손가락을 대기만 해도 무슨 이야기를 하고 있는지 알 수 있을 정도였다. 또 피아노나 바이올린의 몸체에 손을 얹어 음악을 즐겼으며, 심지어는 라디오 선반의 진동을 통해 라디오를 들었다. 노래하는 사람의 목에 살짝 손가락을 얹고 노래를 감상하기도 했지만, 그녀 자신은 노래를 부르거나 음정과 박자를 맞추지 못했다.

만약 헬렌이 당신과 악수를 하고 나서 5년 후 다시 당신을 만나 악수를 하게 된다면, 그녀는 당신과의 악수를 통해 당신을 기억해낼 것이다. 당신이 화가 났거나, 행복하거나, 기운이 없거나, 활기차 있거나 상관없이 말이다.

헬렌은 배의 노를 젓고, 수영을 하며, 말을 타고 숲 속을 달리는 것을 좋아했다. 또 그녀는 자신을 위해 특별 주문한 체커와 체스 세트로 게임도 하고, 심지어는 점자로 제작된 카드로 혼자 카드놀이도 했다. 그리고 비 오는 날에는 주로 코바느질이나 뜨개질을 하며 시간을 보냈다.

우리는 보통 시력을 잃는 것이 세상에서 가장 큰 시련이라고 생각한다. 하지만 헬렌 켈러는 보지 못한다는 것보다 견딜 수 없는 건 듣지 못하는 것이라고 한다. 자신을 세상으로부터 격리시킨 완전한 어둠과 고요 속에서 그녀가 가장 그리워한 것은 사람들의 입에서 나오는 다정한 목소리였다.

3
앤드류 카네기

세상에서 가장 많은 백만장자를 배출해낸 철강 왕

앤드류 카네기의 부모는 너무 가난해서 그가 태어날 때 의사나 산파를 부르지 못했다. 그러나 처음 시간당 2센트를 받고 일을 시작한 그는 훗날 4억 달러의 자산가가 되었다.

나는 스코틀랜드 던퍼믈린에 있는 그의 생가를 방문한 적이 있는데, 그 집에는 방이 두 개뿐이었다. 그의 아버지는 1층에서 천을 짜는 일을 했고, 모든 가족은 위층에 있는 작고 어두운 다락방 한 칸에서 요리를 하고 음식을 먹었으며 잠을 잤다.

카네기 가족이 처음 미국에 왔을 때 그의 아버지는 식탁보를 만들어 집집마다 팔러 다녔고, 어머니는 남의 집 세탁 일을 하고 구둣방에서 구두 바느질을 했다. 앤드류는 셔츠가 한 벌밖에 없었기 때문에 그의 어머니는 매일 밤 아들이 잠든 후에야 그의 셔츠를 세탁하고 다려야 했다. 그녀는 하루에 16~18시간 일했고, 앤드류는 그런 어머니를 마음속 깊이 존경했다. 앤드류가 스물두 살이 되었을 때, 그는 어머니에게 그녀가 살아 계시는 동안에는 절대로 결혼하지 않겠다고 약속했다. 그리고 실제로 어머니가 돌아가실 때까지 30년간을 독신으로 지냈다. 그는 52세에 결혼했고, 62세에 처음이자 마지막인 외동딸을 얻었다.

소년이었을 때 앤드류는 어머니에게 여러 번 되풀이해서 이런 말을 하곤 했다.

"어머니, 제가 나중에 부자가 되면 비단옷도 사드리고 하인도 두고 어머니 전용 마차도 사드릴게요."

그는 자신의 뛰어난 두뇌는 어머니에게서 물려받았으며, 그녀를 향한 끊임없는 사랑이 그를 성공으로 이끈 원동력이었다고 자주 말했다. 어머니가 세상을 떠났을 때, 그는 너무나 슬퍼서 15년간 어머니의 이름을 입 밖으로 꺼내지도 못했다. 스코틀랜드에 사는 한 노파가 자신의 어머니를 닮았다는 이유만으로 그녀의 집 융자금을 대신 갚아준 적도 있다.

앤드류 카네기는 철강 왕으로 알려져 있지만 정작 강철 생산에 대해서는 아는 바가 없었다. 차라리 그의 회사에 다니는 수백, 수천 명의 직원들이 그보다 훨씬 더 많이 알고 있었을 것이다. 그러나 앤드류는 사람 다루는 법을 잘 알았고, 그 덕분에 큰 부자가 될 수 있었다. 어린 시절부터 그는 조직력과 리더십, 그리고 다른 사람들이 자신을 위해 일하게 만드는 능력 등이 탁월했다.

스코틀랜드에 살던 어린 시절, 그는 어미 토끼를 한 마리 잡아서 길렀다. 토끼집은 금세 새끼 토끼들로 가득 찼는데 먹이로 줄 만한 게 없었다. 그때 기발한 생각이 떠올랐다. 동네 친구들에게 말하길, 만약 토끼들에게 먹일 클로버와 민들레를 많이 뜯어오면 그 보답으로 토끼의 이름에 그들의 이름을 붙여주겠다고 제안한 것이다. 이 작전의 효과는 엄청났다.

홋날 카네기는 이와 같은 심리 전략을 사업에도 사용했다. 예를 들면 펜실베이니아 철도 회사에 강철 선로를 팔 때의 일이다. 당시 철도 회사 사장의 이름은 J. 에드가 톰슨이었다. 그래서 카네기는 피츠버그에 거대한 제철소를 세우고 공장 이름을 'J. 에드가 톰슨 제철소'라고 지었다. 예상대로 톰슨은 매우 기뻐했고, 두 번 생각해볼 것도 없이 자신의 이름을 딴 공장에 강철을 주문했다.

카네기는 피츠버그에서 전보를 배달하는 일을 한 적이 있었다. 하루 일당은 50센트였는데 당시 그에게는 무척 큰돈이었다. 그런데 그는 그곳의 지리를 잘 몰랐기 때문에 행여 일자리를 잃게 될까 봐 두려웠다. 그래서 자기 담당 구역에 있는 회사들의 이름과 주소를 몽땅 외워버렸다. 전신 기사가 되고 싶던 그는 밤에는 전신 기술을 공부했고, 아침에는 일찌감치 사무실에 나와 자판을 익히며 전보 치는 연습을 했다.

그러던 어느 날 아침, 중대 뉴스거리가 생겨 전신줄에 불이 날 지경으로 전보가 쏟아졌다. 필라델피아에서 피츠버그로 쉴 새 없이 전보가 날아왔지만 근무 중인 전신 기사가 없었다. 그래서 카네기는 전보를 대신 받아 전달했고, 그 일로 전신 실력을 인정받아 곧바로 급료가 두 배나 더 많은 전신 기사로 승진했다.

그의 넘치는 활기와 잠들지 않는 의욕은 사람들의 호감을 사기에 충분했다. 당시 펜실베이니아 철도 회사는 자체적으로 전신국을 세웠다. 앤드류 카네기는 그곳의 전신 기사가 되었고, 이후 지사장의 개인 비서로 승진했다.

그러던 어느 날, 그를 단숨에 부자로 만들어주는 사건이 일어났다. 열차 안에서 만난 한 발명가가 그에게 자신이 만든 신형 침실 객차 모델을 보여준 것이다. 그 당시 열차의 침실 칸은 화물칸 옆에 대충 마련한 간이침대 정도였는데, 이 신모델은 오늘날 풀먼이 만든 침실 차만큼이나 좋아 보였다. 카네기는 스코틀랜드인 특유의 직감으로 이 새로운 침실 객차가 크게 성공할 것임을 눈치챘다. 그는 돈을 빌려 그와 관련된 주식을 사들였다. 실제로 그 회사는 엄청난 액수의 이익배당금을 주주들에게 돌려주었다. 스물다섯 살 때 앤드류 카네기가 이 투자로 벌어들인 소득만 연간 5000달러에 달했다.

카네기가 전신국의 지사장을 지낼 무렵, 철로를 잇는 목재 가교가 불타는 바람에 며칠간 열차 운행이 중단된 적이 있었다. 이를 계기로 카네기는 이제 목재의 시대는 가고 철제의 시대가 오고 있음을 깨달았다. 그는 돈을 빌려 회사를 차린 뒤 철교를 세우기 시작했다. 그러자 곧 정신을 잃을 정도로 엄청난 돈벼락을 맞게 되었다.

방직공의 아들이었던 그는 황금 손을 갖고 있었다. 모든 일은 순조롭게 진행되었고 엄청난 행운도 따랐다. 그는 친구들과 함께 4만 달러를 주고 서부 펜실베이니아의 유전 지대에 있는 농장을 샀는데, 1년 만에 100만 달러의 수익을 올렸다. 사업 수완이 뛰어난 이 스코틀랜드 청년은 스물일곱이 되던 해, 일 주일에 1000달러를 벌었다. 15년 전 그가 처음 일을 시작했을 때는 하루 수입이 고작 20센트였다.

1862년 에이브러햄 링컨이 대통령이 되었다. 때마침 남북전쟁이 일어나자, 물가는 폭등했으며 굵직한 사건들이 일어났다. 국경은 확장되었고 서부 지역에도 개척의 바람이 불었다. 미대륙을 가로지르는 철로가 깔리고 도시도 하나하나 건설되어 갔다. 미국은 설레는 마음으로 새로운 시대를 맞이했다. 이런 상황에 힘입어 용광로가 불을 뿜듯이, 그도 호황의 급물살을 타고 인류 역사상 그 누구도 꿈꾸지 못했던 부를 얻게 되었다.

하지만 그렇다고 그가 일에만 몰두한 것은 아니다. 그는 하루 일과의 반은 무조건 쉬었다. 대신 자기보다 더 똑똑한 사람들을 곁에 두고 그들을 잘 다뤄 많은 돈을 벌 수 있었다고 말한다. 그는 스코틀랜드 출신이었지만 전형적인 스코틀랜드인처럼 인색하지 않았다. 자신의 수익을 동업자들에게 적절히 분배했고, 덕분에 동업자들도 백만장자가 될 수 있었다.

일생 동안 그가 학교에 다닌 기간은 고작 4년이었다. 하지만 그는 여행기와 자서전, 수필을 썼고, 경제에 관한 책을 8권이나 저술했으며, 공공 도서관에는 6000만 달러를, 교육 발전을 위해서는 7800만 달러를 기부했다.

그는 보비 번즈가 쓴 시들을 모두 외웠고《맥베스》,《햄릿》,

《리어왕》,《로미오와 줄리엣》, 그리고《베니스의 상인》전체를
암송할 수 있었다.

그는 교회에 나가지 않았지만 7000개가 넘는 파이프 오르
간을 여러 교회에 기증했다. 그리고 3억 6500만 달러를 사회
에 환원했는데, 이 금액은 하루에 100만 달러씩 1년 동안 기부
한 것과 같은 액수다. 신문사들은 어떻게 하면 그의 재산을 가
장 잘 기부할지에 대한 아이디어 공모전을 열었다. 부자로 죽
는 것은 불명예라는 게 앤드류 카네기의 신조였기 때문이다.

4

존 데이비슨 록펠러

장래성이 없다고 청혼을 거절당했던 석유 왕

존 데이비슨 록펠러는 생전에 세 가지 주목할 만한 일을 해 냈다.

첫째로, 그는 역사상 가장 많은 부를 축적했다. 비록 그의 첫 직업은 시간당 4센트를 받고 땡볕 아래서 감자를 캐는 것이었지만 말이다. 그 당시 백만장자는 미국 전체를 통틀어도 손에 꼽을 정도였는데, 존 데이비슨은 대략 10~20억 달러 규모의 자산을 운용했다. 하지만 그의 첫사랑이었던 소녀는 그의 청혼을 거절했다. 왜 그랬을까? 그녀의 어머니가 자신의 딸이 존 D. 록펠러처럼 가난한 청년과는 결혼하지 못하도록 했기 때문이다.

두 번째는 그가 역사상 최고 금액인 7억 5000만 달러를 사회에 환원했다는 것이다.

그리고 마지막 세 번째로 놀라운 일은 그가 97세까지 장수했다는 점이다. 그는 미국에서 가장 미움받는 인물 중 하나였다. 자신을 죽이겠다고 위협하는 편지가 끊이지 않았기 때문에 항상 무장 경호원들의 보호를 받아야만 했다. 또한 미국 전역에 걸친 방대한 사업을 운영하느라 정신적, 육체적으로 무척 고단했다.

철도 건설 사업가인 해리먼은 업무상의 과도한 스트레스로 인해 61세의 나이에 죽었다. 5센트와 10센트짜리 물건을 파는 대형 체인점을 설립했던 울워스는 67세에 죽었고, 담배 사업으로 1억 달러를 벌었던 듀크는 68세에 세상을 떠났다.

그러나 존 D. 록펠러는 울워스나 듀크, 해리먼의 자산을 모두 합친 것보다 훨씬 더 많은 재산을 모았다. 백인 가운데 97세까지 장수한 사람은 100만 명 중 30명에 지나지 않으며, 틀니를 끼지 않고 97세까지 지낸 사람은 아마 1억 명 중 단 한 명도 없을 것이다. 하지만 록펠러는 97세까지 틀니가 필요 없었다.

그의 장수 비결은 무엇이었을까? 아마 조상에게 받은 건강한 유전자 덕도 있을 것이다. 하지만 그의 차분하고 침착한 성격이 이 유전자를 더욱 강하게 해주었다. 그는 절대 흥분하거나 서두르는 법이 없었다.

스탠더드 오일 컴퍼니의 사장이었을 때 그는 브로드웨이 26번가의 자기 사무실에 소파를 마련해두었다. 그러고는 무슨 일이 있어도 매일 정오만 되면 30분씩 낮잠을 잤다. 그리고 죽기 전까지 평생 동안 하루에 다섯 번씩 낮잠을 잤다.

록펠러가 55세가 되었을 때 그의 건강에 문제가 생겼는데, 의학 역사상 가장 기뻐할 만한 사건 중 하나였다. 건강이 나빠진 록펠러가 의학 연구를 위해 수백만 달러를 기부하고 장려했기 때문이다. 그의 건강이 나빠졌던 것을 계기로 록펠러 재단은 전 인류의 건강 증진을 위해 매달 거의 100만 달러에 가까운 금액을 기부하고 있다.

1932년 무시무시한 콜레라 전염병이 한창이던 당시 나는 중국에 있었다. 가난과 무지, 질병의 한가운데서도 나는 북경에 있는 록펠러 의과대학에 가서 콜레라 백신을 받을 수 있었다. 그제야 나는 록펠러가 아시아와 그보다 더 구석진 곳에서 병으로 고통받는 사람들을 위해 얼마나 많은 일을 하고 있는지 알게 되었다. 록펠러 재단은 십이지장충 박멸을 위해 대대적인 노력을 했고, 말라리아와의 전쟁에서도 승리를 이끌고 있으며, 재단 소속 의사들은 무서운 황열병에 대한 백신을 발견해냈다.

록펠러는 어린 시절 칠면조를 기르는 어머니의 일을 도와주고 처음으로 돈을 벌었다. 그는 이 시절을 추억하기 위해 죽기 전까지 8000에이커에 달하는 자신의 땅에서 우수한 품종의 칠면조를 길렀다. 칠면조를 돌보는 대가로 어머니에게서 받은 동전은 모두 벽난로 선반 위에 있던 금이 간 찻잔 안에 모아두었다. 그는 하루에 37센트를 받고 농장에서 일했는데, 50달러가 될 때까지 돈을 모았다. 그리고 모은 50달러를 7퍼센트의 이자를 받고 농장 주인에게 빌려주었는데, 50달러의 1년 이자가 자신이 힘들게 일한 열흘치 일당만큼의 소득이라는 사실을 알게 되었다.

"그것이 계기가 되었습니다." 그는 말했다. "돈의 가치를 깨닫는 순간, 돈의 노예가 되는 대신 돈을 내 노예로 만들겠다고 결심했죠."

록펠러는 부유한 집에서 태어난 자기 아들을 망나니로 키우지 않았다. 예를 들어 그는 아들이 마당에서 손봐야 할 울타리 기둥을 찾아내면 그 대가로 기둥 하나당 1센트씩 주었다. 하루에 13개를 찾아오면 13센트를 주었다. 또 아들이 울타리를 고칠 때면 시간당 15센트를 주었고, 그의 아내는 아들이 바이올린 연습을 하면 시간당 5센트를 주었다.

록펠러는 대학을 다니지 않았다. 고등학교를 마친 뒤 몇 개월간 직업학교에 다녔을 뿐 그의 정규교육은 열여섯 살 때 모두 끝났다. 하지만 그는 시카고 대학에 5000만 달러를 기부했다.

그는 또 교회에도 관심이 많았다. 젊은 시절에는 주일학교의 교사로 일했으며, 춤을 추지 않았고, 카드놀이를 한다거나, 극장에 간 적도 없었으며, 술과 담배를 한 적도 없었다. 그는 식사 때마다 늘 기도했고, 매일 《성경》을 읽었다. 또 시집과 기도문에서 감명 깊은 구절을 골라 매일 묵상하기도 했다.

록펠러의 재산은 대략 분당 100달러의 비율로 지금도 계속 증가하고 있다. 하지만 그가 품었던 유일한 야망은 100세까지 사는 것이었다. 그는 만약 자신이 100회 생일인 1939년 7월 8일까지 살아 있다면 포칸티코 힐즈에 있는 자신의 집에서 밴드를 지휘하겠다고 말했다. 그랬다면 그 밴드가 연주할 곡은 〈매기의 추억〉이 되었을 것이다.

플로렌즈 지그펠드

역사상 그 누구보다
많은 미인들의 전화번호를 알았던 쇼 연출가

〈지그펠드 폴리즈〉는 24년 동안 브로드웨이의 창공을 가장 아름답게 불 밝힌 쇼였다. 전 세계에서 그만큼 화려한 무대와 박수갈채를 받은 레뷰(시사 풍자극—옮긴이)는 없었다. 또 그토록 많은 돈을 벌었다가 그렇게 많은 돈을 잃은 레뷰도 없었다.

플로렌즈 지그펠드는 미인들의 전화번호를 이 세상에서 가장 많이 갖고 있는 남자였다. 그의 명단에는 수천 명이 넘는 미인들의 이름과 주소, 전화번호가 적혀 있었고, 매일 스타가 될 꿈에 부푼 50~60명의 미인들이 그의 앞에서 아름다움을 선보이고 평가받았다.

그는 자신이 '미국 소녀들의 우상'이라고 불리는 사실에 대해 자부심을 느꼈다. 그에게는 그럴 만한 자격이 충분했다. 그는 종종 눈에 띄지 않는 평범한 외모의 소녀를 데려다가 무대위의 눈부시게 아름다운 여인으로 변신시켰다. 누구나 몸매와 품위, 이 두 가지만 있으면 지그펠드의 무대에 설 수 있었다. 관능적인 매력은 그가 만들어주었기 때문이다.

지그펠드는 씀씀이도 동양의 왕 만큼이나 사치스러웠다. 그는 유럽과 인도, 아시아 시장을 돌면서 최상의 옷감을 사느라 의상비로 수백만 달러를 썼다. 심지어는 의상의 안감조차 최고급 실크로 제작했는데, 피부에 직접 닿는 옷감까지 최고급으로 갖춘 여성만이 진정 자신의 아름다움을 느낄 수 있다고 생각했기 때문이다.

카우보이 역을 맡은 배우들에게 그가 마음에 두고 있던 모자를 구해서 씌워주기 위해 〈쇼 보트〉의 제작을 석 달이나 미룬 적도 있다. 한번은 25만 달러를 들여 제작한 작품을 단 한 번의 공연으로 끝낸 적도 있었다. 위대하고 명예로운 지그펠드의 이름으로 올리기에는 만족할 만한 수준이 못 된다고 생각했기 때문이다.

그는 손대는 일마다 규모가 컸다. 매일 수백 명의 사람들과 연락했지만 한 번도 편지를 이용하지 않았다. 그가 지나가는 자리마다 전보와 전신이 바람에 흔들리는 가을 낙엽처럼 팔랑거렸다. 그는 어디를 가든 전보용지를 가지고 다녔는데, 그랜드 센트럴 역에서 기차를 타고 125번가에 이르기도 전에 전보용지 한 묶음을 다 써버리곤 했다.

믿지 못하겠지만 그는 실제로 리허설 중에 오케스트라 연주석에 앉아 무대조명 너머에 있는 배우들에게 전보를 보냈고, 자신의 목소리가 들릴 만한 거리에 있는 사람들에게도 전보를 보냈다. 한번은 창밖으로 몸을 내밀고 맞은편 창가에 있는 사람에게 이렇게 외치기도 했다. "이봐, 자네에게 전보를 보냈는데 왜 답신이 없는 거지?"

그는 공중전화를 그냥 지나치는 법이 없었다. 반드시 멈춰서 열댓 명의 사람들과 통화를 하고 나서야 지나갔다. 그리고 매일 아침 6시에 일어나 스태프들에게 전화를 걸었다.

그는 17달러나 18달러를 절약할 방법을 찾아 몇 시간 동안 고심하면서도 다음 날 월스트리트에서 10만 달러나 날리고도 눈 한번 깜박하지 않았다. 한번은 에드 윈에게 5000달러를 빌려서 그 돈으로 대륙을 횡단할 전세 기차를 구하기도 했다.

그의 정중한 태도와 배려 덕분에 여성들은 자신의 아름다움과 가치를 느낄 수 있었다. 그는 공연 개막일 밤에는 모든 합창 단원들에게 꽃다발을 선물했고, 심지어 나이 들어 정신이 온전치 못한 할머니들이 일자리를 구하려고 찾아와도 다른 사람들과 똑같이 대접해주었다.

그는 자기의 배우들 중 가장 뛰어난 배우에게 일주일에 평균 5000달러를 지급했다. 그래서 공연 시즌이 끝날 때면 배우들의 통장 잔고가 그의 통장보다 더 많은 경우도 빈번했다. 그가 처음 공연 사업을 시작했을 무렵 여성 합창 단원의 급료는 주당 30달러였다. 하지만 인심 좋은 그의 경영 덕분에 그들의 급여는 주당 125달러까지 상승했다.

지그펠드는 열네 살의 어린 나이에 처음으로 공연계에 발을 들였다. 집에서 가출한 그는 버팔로 빌의 〈와일드 웨스트 쇼〉에서 마상 묘기를 선보이며 멋진 총잡이 역할을 했다.

스물다섯 살이 되었을 때는 〈노티 나인티즈〉에 등장하는 건장하고 섹시한 남자 배우 산도우의 매니저로 큰돈을 벌었다.

그로부터 2년 후, 그는 런던에서 돈 한 푼 없는 빈털터리가 되었다. 몬테카를로 도박장에서 자신의 운을 시험해보았다가 결국 입고 있던 옷까지 날려버린 것이다. 비록 알거지가 되었어도 이 위대한 사업가는 결코 두려워하지 않았다.

그는 자신의 타고난 재능만으로 새로운 쇼를 제작했고, 당시 유럽에서 선풍적인 인기를 누리던 안나 헬트와 함께 의기양양하게 미국으로 돌아왔다. 그녀는 전성기의 메이 웨스트(미국의 여배우이자 섹스 심벌―옮긴이)에 견줄 만한 미모와 재치를 갖춘 배우였다.

미국 최고의 제작자들이 그녀의 뉴욕 진출을 위해 거액의 계약금을 제시했다. 하지만 그녀의 마음을 얻는 데 성공한 사람은 플로렌즈 지그펠드였다. 겨우 스물일곱 살의 무명에 가까운 빈털터리 청년이 그녀의 의상실로 찾아가 그녀를 설득시키고 직접 계약서에 서명을 받은 것이다. 이 일로 그는 유명세를 타게 되었다.

미국에서 안나 헬트의 인기는 가히 폭발적이었고, 미국 전체가 안나 헬트 열풍에 휩싸였다. 코르셋, 파우더, 모자, 향수, 말, 칵테일, 강아지와 담배에 이르기까지 그녀의 이름을 앞세운 모든 상품들이 불티나게 팔렸고, 그녀의 이름을 외치며 건배하는 소리가 전국에 울려 퍼졌다. 그리고 1년이 지나지 않아 플로렌즈 지그펠드는 그녀와 결혼했다.

몇 년 뒤, 그는 안나 헬트와 이혼하고 빌리 버크와 열렬한 사랑에 빠졌다. 그녀를 만났던 바로 다음 날, 그는 한 화원의 꽃을 통째로 사서 전부 그녀의 집으로 보냈다. 스위트피와 난초, 카네이션뿐 아니라 창가에 있던 오렌지 나무까지 모두 보낸 것이다. 빌리 버크는 감사 인사를 하려고 전화했지만 그가 계속 통화중이라 연락을 할 수 없었다. 이 말을 들은 그는 별도로 황금 전화기를 설치했는데, 특이한 벨소리를 사용해서 전화가 울리면 금방 그녀의 전화임을 알 수 있게 했다.

지그펠드는 우유부단함을 즐겼다. 자신이 뭔가를 결정해야 하는 상황을 싫어했다. 그의 책상에는 항상 감초로 만든 젤리 한 통이 놓여 있었다. 한번은 친구가 그에게 감초 젤리를 정말 좋아하는 거냐고 묻자 그는 이렇게 대답했다. "감초 젤리는 모두 검정색이잖나. 무슨 색을 고를지 결정할 필요가 없으니 즐겨 먹는 걸세."

지그펠드는 자신의 공연 〈폴리즈〉에 세계에서 가장 유명한 코미디언들을 출연시켰다. 하지만 그 자신은 한번도 그들의 익살을 보며 웃지 않았다. 에드 윈이나 에디 캔터, 윌 로저스 같은 코디미언들조차 그를 웃게 만들지 못했다. 그는 항상 제작자로서의 냉정함을 잃지 않았기에 쇼 출연자들은 그에게 '얼음물'이라는 별명을 지어주었다.

24년 동안 〈폴리즈〉 공연이 개막하는 날이면 뉴욕 밤거리가 떠들썩했다. 리무진이 거리를 가득 메우고, 실크 모자와 흰 담비 숄을 걸친 사람들이 로비에 몰려들었다. 영악한 암표상들은 표를 구하지 못한 사업가들에게 맨 앞줄 좌석 티켓 두 장을 300달러에 팔았다.

무대 뒤편도 몹시 시끄럽고 소란스러웠다. 의상 담당자와 심부름하는 소년들이 서로 부딪혔고, 무대 공포증이 있는 코미디언들은 무대 옆 구석에서 대사를 중얼거렸으며, 합창 단원들은 미친 듯이 의상을 찾아다녔다. 이런 난장판 속에서 단 한 사람만이 냉정하고 차분하게 침착함을 유지하고 있었다. 바로 지그펠드였다. 첫 공연마다 찾아다니는 뉴욕의 교양 있는 관객들은 이 영광스런 순간을 위해 연미복에 흰색 넥타이를 갖춰 입었지만, 지그펠드는 평범한 회색 양복 차림으로 나타났다. 심지어 그는 좌석에 앉는 대신 발코니로 통하는 계단에 서서 공연을 지켜보았다.

1929년 월스트리트가 붕괴되면서 지그펠드의 화려한 시대도 막을 내리게 되었다. 세상에서 가장 화려하고 빛나는 무대를 만들기 위해 돈을 물 쓰듯 하던 이 공연의 마법사는 이제 집세도 내기 힘든 형편이 된 것이다. 마지막 〈폴리즈〉 공연은 그의 배우들과 직원들이 모아준 돈으로 무대에 올릴 수 있었다.

지그펠드는 1932년 캘리포니아에서 사망했다. 죽기 직전 그는 자신이 공연을 연출하고 있다는 환상에 빠졌다. 무대는 새하얀 병실이었고, 오케스트라는 라디오 한 대뿐이었으며, 무대 위의 배우는 겁에 질린 간병인 한 명뿐이었다.

그의 입술은 바싹 말라 있었고 눈은 열이 올라 충혈되었지만, 그는 침대에 앉아 보이지 않는 연기자들에게 소리쳤다.

"커텐!" 그는 울부짖었다. "빠른 음악으로! 조명! 마지막 피날레 준비!" 그리고 그는 마지막으로 중얼거렸다.

　"최고야! 공연은 아주 대단했어…. 공연은… 아주… 대단했어."

6
엔리코 카루소

맨발로 농사지으며 음악 교육을 시킨 어머니 덕분에
세계 최고의 성악가가 된 아들

1921년 엔리코 카루소가 마흔여덟의 나이로 세상을 떠났을 때 온 세상은 슬픔에 잠겨 할 말을 잃었다. 사람들이 기억하는 가장 아름다운 목소리가 영원히 침묵하게 되었기 때문이다.

카루소는 세상 모두의 찬사를 받던 전성기 때 목숨을 잃었다. 그는 과로로 감기에 걸렸는데, 괜찮아지겠지 하며 가볍게 생각했다가 병이 커졌다. 그가 6개월간 죽음과 사투를 벌이는 동안 그를 사랑하는 전 세계인들은 그를 위해 미사를 올렸고, 운명에 맞선 그를 위해 수많은 사람들이 간절히 기도를 드렸다. 카루소의 황홀한 목소리는 그저 신의 선물에 불과한 게 아니라 오랜 기간 지속된 피나는 노력과 꾸준한 연습, 그리고 강한 의지의 결과였다.

처음 노래를 배울 때 그의 목소리는 너무 약하고 가늘어서 선생은 그에게 이런 말을 한 적이 있다. "넌 노래를 잘할 수 없어. 목소리가 엉망이야. 창틀에 부딪히는 바람 소리 같구나."

오랫동안 그의 목소리는 고음에서 갈라졌고, 연기력도 많이 부족해서 실제로 공연 중에 야유를 받았다. 훗날 '불멸의 카루소'만큼 그렇게 위대한 성공을 한 이는 없었다. 하지만 가장 사랑받던 순간에도 초창기의 시련을 떠올릴 때면 그는 울음을 터뜨리곤 했다.

열다섯 살 때 어머니를 잃은 카루소는 평생 어디를 가든 어머니의 초상화를 갖고 다녔다. 그의 어머니는 21명의 아이를 낳았는데, 그중 18명은 어렸을 때 죽고 오직 세 명만 살아남았다. 그녀는 고난과 시련 외에는 아는 게 없는 시골 아낙이었다. 그러나 자신의 아들이 천재적인 자질을 타고났음을 감지했고, 그런 아들을 위해 어떠한 희생도 마다하지 않았다. "어머니는 제 뒷바라지를 하시느라 신발 살 여유도 없이 맨발로 다니셨습니다." 카루소는 이렇게 말하며 눈물을 흘리곤 했다.

그가 겨우 열 살이 되었을 때, 아버지는 그를 학교에 보내는 대신 공장에서 일을 하게 했다. 매일 저녁 일을 마친 뒤 카루소는 음악 공부를 했지만, 스물한 살이 되어서야 공장을 떠나 마음껏 노래할 수 있었다.

그즈음 그는 동네 카페에서 저녁을 얻어먹는 대신 노래 불러주는 일을 하게 되었다. 그리고 가끔 어떤 여인의 창문 아래서 감미로운 세레나데를 대신 불러주는 일을 하기도 했다. 여인을 사모하는 음치 남성이 달빛 아래서 온갖 몸짓으로 사랑을 표현하는 동안 카루소는 문 뒤에 숨어 아폴로처럼 감미롭고 매혹적인 음성으로 자신의 영혼을 담아 노래했다.

그 뒤 마침내 그는 처음으로 오페라에서 무대에 설 기회를 얻었다. 그런데 리허설 중 너무 긴장한 나머지 목소리가 깨진 유리조각처럼 날카롭게 끊기고 갈라졌다. 수차례 반복해봤지만 모든 음이 다 엉망진창이었다. 결국 그는 울음을 터뜨리며 극장 밖으로 뛰쳐나가 버렸다.

이후 정식으로 데뷔한 첫 오페라 무대에 섰을 때는 얼큰하게 취해 있었다. 거의 만취 상태였기에 그의 목소리는 청중들이 보내는 야유와 고함 소리에 완전히 묻혀버렸다. 사실 그 당시 그는 대역 배우였다.

어느 날 저녁, 주인공을 맡았던 테너가 갑자기 병에 걸렸는데 카루소도 그 자리에 없었다. 극장 심부름꾼들이 급하게 그를 찾았다. 그리고 마침내 그를 발견했을 때, 그는 술집에서 고주망태가 되어 있었다.

그는 최대한 빨리 극장으로 달려갔다. 흥분으로 가슴 설레하며 극장에 도착했지만, 답답한 분장실의 열기와 술기운을 견디기는 힘들었다. 갑자기 온 세상이 회전목마처럼 빙글빙글 돌기 시작했다. 카루소가 무대 위로 걸어 나왔을 때, 극장은 완전 아수라장이 되어버렸다.

공연이 끝나고 나서 그는 바로 해고되었다. 다음 날, 그는 너무 상심하고 자포자기해 자살을 결심했다. 주머니에는 1리라밖에 없었는데 포도주 한 병을 사기에는 충분한 돈이었다. 하루 종일 아무것도 먹지 못한 그가 술을 마시며 자살할 방법을 구상하고 있을 때, 문이 활짝 열리며 오페라단에서 보낸 심부름꾼이 들이닥쳤다.

"카루소!" 그가 외쳤다. "카루소, 얼른 가요. 사람들이 다른 테너 가수의 노래는 안 들으려고 해요. 모두들 야유를 하며 그를 밖으로 쫓아버렸죠. 그들은 당신을 찾고 있어요. 당신을요!"

"나를?" 카루소가 울먹였다. "그럴 리가, 그 사람들은 내 이름도 모를 텐데."

"물론 이름은 모르죠." 심부름꾼은 숨을 헐떡이며 말했다.

"하지만 그들은 당신을 원해요. '그 술주정뱅이'를 데려오라고 난리랍니다."

엔리코 카루소가 사망할 당시 그는 굉장한 부자가 되어 있었다. 음반 수입만으로도 200만 달러 이상을 벌어들였다. 하지만 젊은 시절 가난으로 겪었던 고통을 잊지 못한 그는 죽을 때까지 조그만 장부에 모든 지출을 기록했다. 소장용으로 진귀한 레이스나 상아 조각품을 구입할 때 쓴 목돈부터 벨 보이에게 팁으로 준 푼돈까지 그 액수를 정확하게 기록으로 남겼다.

그는 이탈리아 농부들이 섬기던 온갖 미신을 다 믿었다. 죽는 날까지 악마의 눈을 두려워했고, 점성술사의 자문 없이는 바다를 건너지 않았다. 그는 절대 사다리 아래로 지나가지 않았고, 금요일에는 새 옷을 입지 않았다. 그리고 목요일이나 금요일에는 무슨 일이 있어도 여행을 떠나거나 새로운 일을 시작하지 않았다. 청결에 대한 집착도 심해서 집에 들어올 때마다 항상 속옷부터 각반까지 모든 옷을 다 갈아입었다.

그는 세계에서 가장 희귀하고 소중한 목소리를 가졌지만, 의

상실에서 무대 화장을 받는 동안 담배를 피웠다. 담배를 피우면 목소리가 상하지 않느냐고 사람들이 물어보면 그저 웃기만 했다. 그는 식이요법도 무시하고 공연 때마다 무대에 오르기 직전 위스키 한 모금과 소다수를 마셔 입가심을 했다.

그는 열 살 때 학교를 떠난 이후로 책을 한 권도 읽지 않았다. 그는 아내에게 이렇게 말했다. "왜 책을 읽어야 하지? 살면서 저절로 다 배우게 되는데."

독서 대신에 그는 우표와 희귀 동전을 수집하는 데 많은 시간을 보냈다. 그는 만화 그리는 데도 재능이 뛰어나 매주 이탈리아의 한 잡지에 자신의 만화를 기고하기도 했다.

수년간 그는 비명이 나올 정도로 심한 두통에 시달렸다. 나이가 들수록 기력이 떨어진 그는 점점 더 많은 시간을 자신의 서재에서 침묵 속에 보냈고, 점점 더 청중들의 환호와 박수갈채에도 흥미를 잃었다. 마침내 그는 음울한 고독에 빠진 채 신문 기사를 스크랩하면서 시간을 보냈다. 기사를 오리고 가장자리를 다듬어서 자신의 추억 노트에 붙이는 일로 하루하루를 보낸 것이다.

카루소는 나폴리에서 태어났다. 하지만 그가 처음 자신의 고향에서 노래를 불렀을 때 신문들은 악평을 했고, 청중들의 반응은 싸늘했다. 카루소는 이때 깊은 상처를 받았고, 그들을 결코 용서하지 않았다. 한창 전성기 때 자주 나폴리에 갔지만, 그곳에서 노래해달라는 요청을 단호하게 거절했던 것이다.

그의 인생에서 가장 가슴 벅차고 행복했던 순간은 딸 글로리아를 처음으로 품에 안았을 때일 것이다. 그는 글로리아가 얼른 자라서 복도를 달려와 자신의 스튜디오 문을 여는 순간을 기다릴 뿐이라고 입버릇처럼 말했다.

그러던 어느 날, 이탈리아에서 카루소가 피아노 옆에 서 있을 때 그가 꿈꾸던 순간이 현실로 나타났다. 그는 어린 딸을 품에 안고 눈물을 흘리며 아내에게 말했다. "이 순간이 오기만을 내가 얼마나 기다렸는지 기억하오?"

그로부터 일주일이 지나지 않아 카루소는 세상을 떠났다.

7

로버트 팔콘 스콧

남극의 비밀을 찾아 떠났다가
신의 비밀을 발견한 탐험가

나는 남극을 두 번째로 정복한 탐험 대장인 로버트 팔콘 스콧의 이야기보다 더 영웅적이고 감격적이며 비극적인 이야기를 알지 못한다. 스콧과 그의 두 동료가 로스 아이스 배리어에서 맞이했던 비극적인 죽음에 관한 이야기에는 여전히 우리의 마음을 뒤흔드는 힘이 있다.

1913년 2월의 어느 화창한 오후, 스콧의 사망 소식이 영국에 전해졌다. 크로커스 꽃이 리젠트 공원에 만발할 때였다. 영국은 트라팔가에서 넬슨 제독이 전사했다는 소식을 들은 이래 가장 큰 충격에 빠졌다.

그로부터 22년이 지난 후 영국은 스콧을 추모하며 세계 최초의 극지 박물관을 설립해 그에게 바쳤다. 전 세계의 극지방 탐험가들이 박물관 개관식에 모여들었다. 박물관 정문에는 로버트 스콧의 비문이 라틴어로 다음과 같이 적혀 있다.

"그는 남극의 비밀을 찾고자 했으나 신의 비밀을 발견했다."

스콧이 테라 노바 호를 타고 남극 탐험을 떠나면서 비극은 시작되었다.

배가 남극권의 차가운 물속으로 들어선 순간부터 그는 불운에 시달리게 되었다. 거대한 파도가 선체를 강타하고 화물이 갑판에서 떨어져나가자 수천 톤의 바닷물이 그 자리를 메웠다. 보일러는 물에 잠겼고 펌프는 막혔다. 그 당당하던 배는 몇 날 며칠을 거센 바다에 속수무책으로 떠다녔다. 하지만 스콧에게 닥칠 불행은 이제부터 시작이었다.

그는 시베리아 툰드라의 추위도 견딜 수 있도록 훈련된 작고 튼튼한 조랑말들을 데려왔지만 그 녀석들조차 버티지 못했다. 가루처럼 흩날리는 눈 속에서 어쩔 줄 모르며 허우적거리던 조랑말들은 결국 크레바스(빙하의 표면에 생긴 깊은 균열—옮긴이)에 빠져 다리가 부러지는 바람에 총으로 사살해야 했다. 개들도 마찬가지였다. 유콘에서 데려온 시베리안 허스키들은 흥분해서 날뛰다가 갈라진 빙하 틈 너머로 떨어져 죽어버렸다.

그 후 스콧과 네 명의 동료 대원들은 약 500킬로그램 무게의 짐을 실은 썰매 하나만 끌고 남극을 향한 마지막 출격을 감행했다. 그들은 날마다 해발 3000미터 높이의 차갑고 희박한 공기 속에서 가쁜 숨을 내쉬며 썰매를 끌고 거친 얼음 들판 위를 힘겹게 걸어갔다.

하지만 그들은 불평하지 않았다. 그때까지 어느 누구도 시도한 적 없는 가장 혹독한 이 여행의 끝에는 찬란한 영광이 기다리고 있었기 때문이다. 6일간의 천지창조 이후 그 누구도 손대지 않은 신비로운 남극이 바로 그곳에 있었다. 그곳은 살아 숨쉬고 움직이는 것이라고는 아무것도 없었다. 심지어 지나가는 갈매기 한 마리조차 없는 곳이었다.

14일째가 되었을 때 그들은 드디어 남극에 도달했다. 하지만 그들을 기다리고 있는 것은 절망감과 비통함뿐이었다. 그들보다 한발 앞서 꽂혀진 막대기의 끝에는 너덜너덜해진 천 조각 하나가 거센 바람 속에서 자랑스럽게 펄럭이고 있었다. 그것은 노르웨이의 국기였다. 노르웨이 탐험가 아문센이 이미 다녀간 것이다! 지난 수년간의 준비 과정과 수개월에 걸친 고된 여정이 단 5주간의 차이로 물거품이 되는 순간이었다. 절망감에 휩싸인 채 그들은 귀환길에 올랐다.

귀향길에서 그들이 겪은 비극적 투쟁은 그야말로 오디세이의 고난이었다. 뼈를 깎는 듯한 매서운 바람은 대원들의 얼굴을 얼음으로 뒤덮고 턱수염까지 얼려버렸다. 추위에 비틀거리며 넘어지면서 생긴 상처로 그들은 죽음 앞으로 한 걸음씩 다가가고 있었다. 먼저 탐험대에서 가장 건장했던 에반스 하사가 미끄러지면서 얼음에 머리를 부딪혀 목숨을 잃었다.

뒤이어 오츠 대위가 동상에 걸린 발 때문에 거의 걸을 수 없게 되었다. 그는 자신 때문에 동료들의 귀환이 늦어지고 있음을 잘 알고 있었다. 어느 날 밤, 오츠는 고귀한 희생을 감행하게 된다. 동료들이 살아남을 수 있도록 스스로 사나운 눈보라 속으로 들어가 죽음을 맞이한 것이다.

표정 없는 얼굴로 그는 담담히 말했다. "잠시 밖에 좀 다녀오

겠네." 그렇게 그는 영원히 떠나버렸다. 그의 얼어붙은 시신조차 영원히 발견되지 않았다. 하지만 오늘날 그가 사라진 자리에는 다음과 같은 글이 새겨진 기념비가 서 있다. '용감하고 위대한 한 사람이 여기에 잠들다.'

스콧과 두 동료들은 비틀거리며 계속 행군했다. 그들의 몰골은 사람으로 보기 힘들었다. 모두들 코와 손가락, 그리고 발에 동상을 입었다. 남극점을 떠난 지 50일째 되던 1912년 2월 19일, 그들은 마지막으로 캠프를 세웠다.

그들에게는 차를 두 잔 끓일 수 있는 연료와 며칠간 버틸 정도의 식량만이 남아 있었다. 하지만 그들은 자신들이 무사히 귀환할 거라고 생각했다. 불과 18킬로미터 떨어진 지점에 보급품이 묻혀 있었고, 한 차례만 더 이동하면 그곳에 도착할 수 있었기 때문이다.

그러나 갑자기 닥친 비극적 운명 앞에 그들은 아무것도 할 수 없었다. 거센 눈보라가 짐승 소리를 내며 휘몰아쳤고, 바람은 얼음을 깎아낼 정도로 맹렬하고 날카로웠다. 어떤 생명체도 살아서 그곳을 빠져나갈 수는 없었다. 눈보라가 매섭게 휘몰아치는 11일 동안, 스콧과 동료들은 텐트 안에 갇혀 있어야 했다. 비품도 다 떨어졌다. 그들은 마지막 순간이 다가왔음을 깨달았다.

그들에게는 이 고통스런 상황을 모면할 방법이, 그것도 아주 쉬운 방법이 있었다. 이런 위급한 상황에 대비해서 가져왔던 다량의 아편이 있었던 것이다. 아편에 취하면 모두들 즐거운 꿈속에 빠져들어 다시는 깨어나지 않아도 되었다. 하지만 그들은 이 약을 사용하지 않았다. 영국의 오랜 전통인 진정한 스포츠맨 정신으로 죽음에 맞서겠다고 결심한 것이다.

삶이 몇 시간 남지 않았을 때, 스콧은 제임스 베리 경에게 편지를 써서 그들의 마지막 모습을 알렸다. 식량은 바닥났고, 죽음은 코앞으로 다가와 있었다. 하지만 스콧은 이렇게 적었다. "텐트 안을 가득 채우는 우리의 희망 노래를 당신도 들을 수 있다면 마음이 한결 놓이실 텐데요."

그로부터 8개월이 지나고 남극의 태양이 눈부신 얼음 위를 평화롭게 내리쬐던 어느 날, 구조대는 그들의 얼어붙은 시신을 발견했다. 시신은 그들이 최후를 맞이했던 곳에 묻혔다. 위에는 스키 두 개를 한데 묶어 만든 십자가를 세웠다. 그리고 그들의 평범한 무덤 위에는 테니슨의 아름다운 시 한 구절이 적혀 있었다.

한결같은 영웅의 용맹함은
시간과 운명으로 약해질지라도, 의지는 강하도다.
갈구하고 추구하고 발견하되 결코 굴하지 않으리니.

8
로렌스 티베트

방세를 내기 위해 포도송이를 땄지만
나중에는 목소리로 부와 명예를 얻은 성악가

1922년 로렌스 티베트는 로스앤젤레스 근처에 살며 아내를 부양하기 위해 고된 시간을 보내고 있었다. 일요일마다 교회 합창단에서 노래를 불렀고, 이따금 결혼식장에서 5달러를 받고 〈오, 내게 약속해주세요!〉라는 축가를 부르기도 했다.

그는 오랫동안 공부했음에도 만족할 만한 성과는 얻지 못했다. 하지만 그에게는 자신의 가치를 알아주는 루퍼트 휴즈라는 친구가 있었다. 휴즈는 그에게 이런 말을 했다. "네 목소리는 정말 좋아. 너 같은 사람은 뉴욕으로 가서 공부해야 해."

휴즈의 짧지만 다정한 이 한마디는 티베트 인생의 전환점이 되었다. 이 말을 듣고 로렌스 티베트는 2500달러를 빌려 동부로 떠났기 때문이다. 만약 그가 뉴욕에서 실패했다면 어땠을까? 그랬다면 그는 캘리포니아로 돌아와 트럭이나 팔면서 살겠다고 마음먹었을 것이다.

그때가 1922년이었다. 로렌스 티베트는 너무 가난해서 도시에서 살 형편이 못 되었다. 그래서 시골집 하나를 빌렸는데, 운 좋게도 그 집은 포도밭 한가운데 있었다. 그는 먹고 싶은 만큼 얼마든지 공짜로 포도를 따 먹을 수 있었다. 훗날 그는 당시에 먹을 거라고는 포도밖에 없을 때가 많았다고 고백했다.

집세는 한 달에 겨우 12달러 50센트였지만, 그렇게 적은 금액이 가끔은 그가 가수로 활동하면서 벌어오는 수입보다 더 많을 때도 있었다. 한번은 10개월이나 집세가 밀려서 포도를 따고 나뭇가지를 치는 일로 밀린 방세를 갚은 적도 있었다.

그는 한 달에 5달러를 내고 피아노를 빌렸지만 거실에 둘 수는 없었다. 가파른 언덕에 세워진 금방이라도 부서질 것 같은 그 낡은 집은 앞부분을 길쭉한 기둥 몇 개로 지탱하고 있는 형편이었다. 그런 곳에 피아노를 놓아두면 그 무게 때문에 바닥이 꺼지면서 피아노가 포도밭을 뒹굴고 내려가 언덕 밑에 박힐까 봐 걱정되었기 때문이다.

처음 뉴욕에 왔을 때, 그는 메트로폴리탄 오페라하우스의 가장 저렴한 좌석표조차도 구할 형편이 안 되었다. 그래서 웅장한 극장의 맨 뒤에 서서 관람하는 2달러 50센트짜리 입석표를 구입했다. 그리고 그 자리에서 불멸의 성악가인 스코티와 아름다운 메리 가든의 멋진 공연을 관람했다.

그 당시 그는 친구들에게 돈을 빌려서 방세와 음악 레슨비를 내야 했다. 하지만 10년 후에는 명예로운 메트로폴리탄의 무대를 당당히 거닐며 청중들의 열렬한 환호를 받았다. 한 차례의 공연에서 22번의 커튼콜을 받아내며 세상에서 가장 위대한 바리톤 중 한 사람이 된 것이다.

해마다 아름다운 목소리를 가진 수백 명의 야심에 찬 젊은이들이 명예와 부를 꿈꾸며 뉴욕으로 몰려온다. 나는 그중에 몇 명 정도가 자신의 평범함을 뛰어넘지 못하고 실패하는지 궁금했다. 로렌스 티베트에게 물어보니 그는 1000명 중 999명이 그러하다고 대답했다. 그리고 그들 대부분이 목소리 자체가 나빠서 실패하는 게 아니라 목소리를 효과적으로 내는 기술이 부족하기 때문이라고 덧붙였다. 그들은 쇼맨십, 즉 청중을 사로잡고 그들의 마음속에 노래를 전달해 그 노래를 느낄 수 있도록 하는 능력이 없는 게 실패의 요인이라고 한다.

로렌스 티베트는 캘리포니아 주 베이커즈필드에서 유년 시절을 보냈다. 그의 아버지는 오랫동안 캘리포니아의 한 방목장에서 카우보이로 일했다. 말을 타고 목장을 순찰하며, 울타리를 수리하고, 송아지 몸에 목장 낙인을 찍고 소도둑을 쫓았다. 아버지는 벨트에 진주 손잡이가 달린 큰 총을 차고 다녔으며, 백발백중의 명사수였다. 그 총에는 갈매기 표시가 두 개 있었는데, 두 명의 소도둑을 쏘아 죽였을 때 새긴 것이다.

몇 년 뒤 아버지는 캘리포니아 주의 컨 카운티에서 보안관이 되었다. 아버지는 집에 총을 보관하는 무기고를 가지고 있었으며, 귀가 길고 눈이 슬퍼 보이는 커다란 블러드하운드 한 마리도 뒷마당에 묶어놓고 길렀다. 마을에 총격 사건이 발생하면 집으로 신고 전화가 왔는데, 그럴 때면 아버지는 총을 챙기고 개를 끌고서 사건 현장으로 출동했다. 개의 이름은 로드였는데, 로드가 사납게 짖으면서 들판과 과수원을 가로질러 달리면 아버지는 뒤에서 로드의 줄을 잡고 쫓아가면서 양팔을 흔들며 소리쳤다. "로드가 그놈을 잡았어. 로드가 잡았다고." 하지만 로드가 잡은 건 범인이 아니라 늙은 소나 코요테인 경우가 많았다.

어린 래리 티베트에게 보안관은 꽤 재미있고 근사해 보여서 그의 어린 시절 꿈은 아버지처럼 보안관이 되는 것이었다. 그런데 뜻하지 않은 비극이 갑자기 찾아왔다. 그의 아버지가 서부에서 가장 악명 높은 은행 강도이자 총잡이 중 한 명인 짐 매키니와의 총격전에서 그의 총에 맞아 사망한 것이다.

그 총격전은 로렌스 티베트의 인생을 완전히 바꿔놓았다. 그의 아버지는 신앙심이 매우 깊어서 담배, 춤, 카드놀이와 극장 출입을 완강하게 반대했기 때문이다. 티베트의 말에 따르면, 그의 아버지가 총에 맞아 돌아가시지 않았더라면 자신은 감히 배우나 가수가 되지 못했을 거라고 한다.

고등학생 때 티베트는 열등감에 시달렸다. 어머니는 하숙을 치면서 어렵게 생활비를 벌었고, 그의 옷은 단 한 벌뿐이었는데 그나마도 바지가 너무 짧았다. 그리고 좋아하는 여자 친구에게 구멍가게에서 크림소다를 사줄 돈도 없을 만큼 가난했다. 다른 학생들은 그를 무시했고 거들떠보지도 않았다. 그래서 그는 유명한 사람이 되겠다고 결심하고 그 목표를 이루기 위해 지름길을 찾아보았다. 그는 글리 합창단의 단원이 되려고 노력했지만 그들은 받아주지 않았다. 고등학교 연극반에 들어가고 싶었지만 아무도 그를 원하지 않았다.

장차 캘리포니아 출신 중 가장 유명한 성악가가 될 운명의 이 소년은 고등학교 연주회에서 노래를 부를 수 있기를 청했지만 냉정하게 거절당했다. 그의 목소리는 스물한 살이 되어서야 천재적인 재능을 꽃피웠다. 티베트는 사람을 감동시키는 음악이 가장 위대한 음악이며, 그런 관점에서 볼 때 많은 대중음악은 아주 훌륭하다고 했다.

〈완벽한 하루의 마지막〉은 가장 대중적인 노래 가운데 하나로 적어도 500만 명의 사람들이 그 음반을 구입했다. 로렌스 티베트는 소박한 노래야말로 진실로 위대한 곡이라고 말한다. 그는 〈올드 맨 리버〉와 〈랩소디 인 블루〉가 위대한 비엔나 작곡가들이 만든 그 어떤 곡들에도 뒤지지 않을 만큼 훌륭하다고 믿는다.

9

윌리엄 셰익스피어

원치 않는 결혼을 해야 했던 극작가

그는 살면서 아무에게도 관심을 받지 못했다. 사망한 지 100년이 지나서도 여전히 그의 이름은 알려지지 않았다. 하지만 그 이후 그에 관한 무수히 많은 글들이 쓰였다. 그는 거위 깃털 펜으로 지혜를 써 내려가던 그 어떤 작가들보다 더 많이 회자되었으며, 매년 수천 명의 사람들이 그의 고향을 찾는다.

나도 그중 한 사람으로 1921년 그의 생가에 가서 스트랫퍼드에서 슬래터리에 이르는 들판을 거닐었다. 순박한 시골 소년이었던 셰익스피어가 그의 연인인 앤 웨이틀리와의 밀회를 위해 정신없이 달려가던 장소였다.

그 당시 셰익스피어는 자신의 이름이 수백 년에 걸쳐 칭송받으리라고는 상상도 못했다. 또한 다행스럽게도 그의 순수한 첫사랑이 슬픔과 후회의 시간들로 끝날 운명이라는 것도 전혀 상상하지 못했다.

셰익스피어 인생에서 결혼은 비극이었다. 이 사실엔 의심할 여지가 없다. 그는 진심으로 앤 웨이틀리를 사랑했지만, 달 밝은 깊은 밤에 또 다른 연인 앤 해서웨이와 불장난을 하고 말았다. 사랑하는 사람이 다른 여자로부터 결혼 승낙을 받았다는 사실을 알게 된 앤 해서웨이는 깜짝 놀랐고, 두려움에 미칠 것 같았다.

그녀는 절박한 심정으로 이웃들을 찾아가 셰익스피어가 자신과 결혼해야 하는 이유를 눈물로 하소연했다. 순박하고 정직한 심성이었던 그녀의 이웃들은 셰익스피어의 부도덕함에 분노했다. 그래서 다음 날 마을 회관으로 달려가 셰익스피어와 앤 해서웨이의 결혼을 공표했다.

셰익스피어의 신부는 그보다 여덟 살 더 많았는데, 둘의 결혼 생활은 처음 시작부터 한 편의 비참한 단막극 같았다. 셰익스피어는 자신의 희곡에서 남자들에게 자기보다 나이 많은 여자와 결혼하지 말라고 수차례 경고했다. 사실 셰익스피어와 앤 해서웨이가 함께 지낸 시간은 짧았다. 그는 결혼 생활의 대부분을 런던에서 혼자 보냈으며, 1년에 한 번 정도 고향집에 들렀다.

오늘날 스트랫퍼드 온 에이븐은 영국에서 가장 아름다운 마을 중 하나다. 작은 초가집과 접시꽃이 피어 있는 정원, 구불구불 휘어진 독특한 거리가 펼쳐진 곳이다. 하지만 셰익스피어가 살았던 시절에는 어땠을까? 그 당시 그곳은 더럽고, 가난에 고통받으며, 질병으로 폐허가 된 마을이었다. 그곳엔 하수관도 없었고, 돼지들은 떼를 지어 큰 길가를 다니며 쓰레기를 뒤져

먹었다. 마을 공무원이었던 셰익스피어의 아버지는 마구간에서 나온 쓰레기를 문밖에 쌓아두었다가 벌금을 물기도 했다.

미국인들은 자신들도 어려운 시절을 겪었다고 생각한다. 그러나 셰익스피어가 살던 시절에는 스트랫퍼드 주민의 절반이 공공 기관의 원조를 받아 생활했다. 대부분의 사람들은 문맹이었고, 셰익스피어의 부모님과 누이뿐 아니라 그의 자녀와 손녀까지 모두가 글을 읽거나 쓸 줄 몰랐다.

장차 영국 문학의 힘이자 영광이 될 운명이었던 셰익스피어는 열세 살 때 일을 하기 위해 학교를 그만두어야 했다. 그의 아버지는 농부였고 장갑도 만들었는데, 셰익스피어는 아버지를 도와 소젖 짜기와 양털 깎기, 버터를 만들고 장갑용 가죽도 손질했다.

그러나 사망할 무렵의 셰익스피어는 당시 기준으로 볼 때 꽤 부자였다. 런던에 온 지 5년이 채 지나지 않아 그는 배우로서 큰돈을 벌었다. 또한 극장 두 군데의 주식을 샀고, 부동산에 투자했으며, 높은 이자를 받고 돈을 빌려주는 등 당시 그의 1년 수입은 300파운드 정도였다. 당시의 화폐 가치는 오늘날의 약 12배 정도였으니, 지금으로 계산하면 셰익스피어가 마흔다섯 살 때 그의 연소득은 2만 달러였다는 셈이다.

그렇다면 그가 유언장을 통해 아내에게 남긴 유산은 얼마나 될까? 전혀 없었다. 그가 두 번째로 아끼던 침대의 틀을 주겠다고 유언한 것 외에는 아무것도 남기지 않았다. 그나마 그것도 유언장을 쓴 후에 뒤늦게 결심한 것이었다. 이미 작성한 유언장의 문장과 문장 사이에 그 내용을 작은 글자로 끼어 넣었던 것이다.

셰익스피어의 희곡이 모두 책으로 출간된 것은 그가 죽은 지 7년이 지나서였다. 하지만 셰익스피어 자신은《햄릿》,《맥베스》또는《한여름 밤의 꿈》같은 희곡에 대해 지금의 600달러 정도 되는 돈도 받지 못했을 것이다.

나는 셰익스피어에 관해 많은 책을 저술한 S. A. 탄넨바움 박사에게 스트랫퍼드 온 에이번의 윌리엄 셰익스피어가 셰익스피어의 희곡들을 직접 썼다는 확실한 증거가 있느냐고 물어본 적이 있다. 그랬더니 그는 우리가 링컨이 게티즈버그에서 연설을 했다는 사실을 확신하는 것만큼이나 확실하다고 대답했다.

하지만 많은 사람들이 셰익스피어는 존재하지도 않았다고 주장한다. 또 그의 희곡들이 사실은 옥스퍼드 백작이나 프랜시스 베이컨 경의 작품이었다는 것을 증명하는 책도 수십 권이나 나왔다. 나는 종종 셰익스피어의 무덤 앞에 서서 이 세상에서 가장 특이한 묘비명을 내려다보곤 한다.

선한 벗들에게 부탁하노니
여기 덮인 흙을 파헤치지 마시오.
이 돌을 건드리지 않는 자에게는 축복이,
내 뼈를 옮기는 자에게는 저주가 있으리라.

그는 작은 마을 교회의 성찬대 앞에 묻혔다. 이런 영광스러운 자리가 그에게 허락된 이유는 무엇일까? 400년이 지나서도 여전히 사랑받고 있는 그의 천재성 때문일까?

결코 아니다. 영국 문학계의 영원한 지표가 될 운명이었던 이 작가가 교회에 묻힌 것은 자신의 고향에 돈을 빌려주었기 때문이다. 샤일록과 같은 인물을 창조해낸 사람이 만약 자기 고향에 돈을 빌려주지 않았더라면 오늘날 그의 뼈는 어느 이름 없는 무덤에 묻혀 잊혔을 것이다.

10
찰스 디킨스

4년밖에 학교를 다니지 않았지만
17편이나 되는 불후의 명작을 쓴 작가

1843년 런던에서는 크리스마스를 맞이해 장차 불후의 명작이 될 작은 책 한 권이 출판되었다. 많은 사람들은 이 책을 '세상에서 가장 위대한 작은 책'이라고 불렀다. 이 책이 처음 나왔을 때 팰맬의 스트랜드(영국의 출판 거리―옮긴이)에서 만난 친구들은 서로에게 이렇게 물었다. "그 책 읽어보았는가?" 그러면 대답은 모두 같았다. "물론이지. 정말 훌륭했다네."

이 책은 출판되던 날 1000만 부가 팔려나갔고, 2주가 지나지 않아 1만 5000부를 추가로 인쇄했다. 그 후로도 셀 수 없을 만큼 많은 판본이 나왔고, 전 세계의 거의 모든 언어로 번역되었다.

세상에서 가장 유명한 이 책은 무엇일까? 바로 찰스 디킨스의 《크리스마스 캐럴》이다.

찰스 디킨스는 영국 문학계에서 가장 많은 작품을 쓰고 가장 많은 사랑을 받는 작가가 될 인물이었다. 하지만 처음 글을 쓰기 시작했을 때 사람들의 비웃음을 받을까 두려웠던 그는 아무도 자신의 도전을 눈치채지 못하도록 깊은 밤 몰래 빠져나와 우편함에 자신의 첫 원고를 넣었다.

당시 스물두 살이던 그는 자신이 직접 쓴 소설이 실제로 출판되자 너무 감격해서 얼굴 가득 눈물을 흘리며 정처 없이 거리를 돌아다녔다.

하지만 첫 소설로 그는 한 푼도 벌지 못했다. 그러면 그다음에 쓴 8편의 소설로는 얼마를 벌었을까? 역시 없었다. 정말 단한 푼도 벌지 못했다. 마침내 소설로 진짜 돈을 벌게 되었을 때, 그가 받은 것은 5달러가 적힌 수표 한 장뿐이었다. 그의 첫 소설은 그에게 겨우 5달러를 안겨주었다. 그러나 그의 마지막 원고는 그의 유족에게 한 단어당 15달러라는 엄청난 돈을 남겨주었다. 이것은 역사상 작가에게 지불된 최고의 액수였다. 한 단어에 15달러라니! 그것은 정확하게 캘빈 쿨리지나 시어도어 루스벨트가 받았던 금액의 15배에 해당한다.

대부분의 작가들은 사망 후 5년 이내에 존재감이 사라지고 잊힌다. 하지만 디킨스는 사망한 지 63년이 지난 뒤에도 많은 출판사들이 《우리 주님의 삶》이라는 작품에 대해 20만 달러가 넘는 인세를 그의 유족에게 지급했다. 이 짧은 소설은 디킨스가 자신의 아이들을 위해 지었던 이야기다.

찰스 디킨스가 학교에 다닌 기간은 평생에 걸쳐 4년도 채 되지 않았다. 하지만 그는 17권의 위대한 영어 소설을 썼다. 그의 부모님은 학교를 운영했지만 디킨스는 한 번도 그 학교에 다녀본 적이 없었다. 왜 그랬을까? 그곳은 여학생을 위한 학교였고, 계속 그렇게 운영할 예정이었기 때문이다. 정문 밖에는 '디킨스 여사의 교육기관'이라고 적힌 놋쇠 간판이 1년 내내 정문 앞에 걸려 있었지만, 런던을 통틀어 그 학교로 공부하러 오는 여학생은 단 한 명도 없었다.

수입이 없자 빚은 순식간에 쌓여갔다. 빚쟁이들이 몰려와 욕을 하고 책상이 부서져라 발로 걷어찼다. 그러다 분노를 참지 못한 빚쟁이들은 그의 아버지를 감옥에 넣어버리고 말았다.

찰스 디킨스의 어린 시절은 궁색하고 비참했다. 아니 그보다 더했다. 비극 그 자체였다. 아버지가 감옥에 갇혔을 때 그는 겨우 열 살이었고, 집에는 먹을 게 아무것도 없었다. 찰스는 매일 아침 전당포에 가서 얼마 남아 있지 않은 가구의 일부를 팔았다. 심지어 그는 자신이 무척 아끼던 책도 10권이나 팔아야 했다. 그 책들은 그가 사귀었던 유일한 친구들이었다. 세월이 흐른 뒤 그는 당시를 이렇게 회상했다. "그 책들을 전당포에 두고 오던 날, 나는 가슴이 찢어지는 것 같았습니다."

마침내 디킨스의 어머니는 남편과 함께 지내기 위해 네 명의 아이들을 데리고 감옥으로 갔다. 해가 뜨면 찰스는 감옥에 가서 가족과 함께 하루를 보냈고, 밤이 되면 음침한 자신의 다락방으로 돌아와 다른 두 명의 빈민가 출신 부랑아들과 함께 잠을 잤다. 찰스의 삶은 진정 지옥이었다.

마침내 그는 쥐들이 득실대는 창고에서 검정 구두약 병에 상표 붙이는 일을 구했다. 그리고 처음으로 받은 보수 몇 푼으로 다른 방을 얻었다. 지저분한 침구들이 구석에 쌓여 있고 너무 좁아서 방이라기보다는 작고 어두운 구멍 같았지만, 디킨스는 그 작은 구멍 같은 다락방이 자신에게는 "천국과 같았다"라고 말했다.

나중에 작가가 된 디킨스는 빈 죽 그릇을 내밀며 더 달라고 구걸하는 어린아이가 나오는 《올리버 트위스트》라는 인상 깊은 작품을 남김으로써 그의 비참했던 어린 시절에 복수했다.

디킨스는 소설에서 완벽한 가정의 행복한 모습을 생생하게 묘사했지만, 현실에서의 결혼 생활은 비참하고 비극적인 실패작이었다. 그는 사랑하지도 않는 여자와 결혼해 23년을 함께 살았다. 아내와의 사이에 10명의 아이들이 태어났지만 해가 지날수록 그의 고통은 깊어졌다. 온 세상이 그의 것이고 만물이 그의 발밑에 있는 듯했지만 정작 자신의 가정은 불화로 가득했다.

마침내 그의 불행은 너무 날카롭고 고통스러워서 견딜 수 없는 지경이 되었다. 그래서 그는 빅토리아 시대에는 전례가 없던 일을 저질렀다. 자기 소유의 잡지사에 아내와 헤어졌다는 내용의 발표문을 실은 것이다. 그는 이 일로 인한 비난을 혼자 감당해냈을까? 그렇지 않았다. 그는 모든 책임을 아내에게 떠넘겼다.

디킨스는 너그러운 사람으로 알려져 있다. 그는 세상을 떠나면서 처제에게 20만 달러나 남기기도 했다. 하지만 자신의 자식들을 낳아준 아내에게는 얼마를 남겼을까? 겨우 일주일에

35달러뿐이었다.

그는 샴 공작새에 견줄 만큼 자만심이 강했고, 경미한 비평에도 격분했다. 또 자신의 뛰어난 외모를 자랑스러워했다. 1842년 처음으로 미국을 방문했을 때, 그는 진홍색 조끼와 울새의 알과 같은 청록색 외투를 입고 대중들을 현혹시켰다. 그는 사람들 앞에서 머리를 빗어 미국인들에게 충격을 주었다. 반면에 미국인들은 뉴욕의 거리에 돼지들을 풀어놓고 돌아다니게 함으로써 그에게 진저리쳐지는 충격을 주었다.

디킨스는 그 시대에 가장 사랑받고 가장 우상화된 인물이었다. 그가 두 번째로 미국을 방문했을 때, 사람들은 강연 표를 구하기 위해 찬바람을 맞고 몸을 떨면서도 몇 시간씩 줄을 서서 기다렸다. 브루클린에서는 그의 강연을 들으려는 사람들이 동상과 폐렴의 위험을 무릅쓴 채 모닥불을 피워놓고, 길 위에 깔아놓은 매트리스에 누워서 밤을 지새우며 기다렸다. 3달러짜리 그의 강연회 입장권을 사기 위해서였다. 그런데도 표는 순식간에 매진되어 수백 명은 그대로 발길을 돌려야 했고, 그의 팬들은 한바탕 소동을 일으키기도 했다.

문학의 역사에는 모순된 인물들이 가득하다. 하지만 모든 인물들을 통틀어봐도 그들 중 가장 눈에 띄는 것은 단연 찰스 디킨스다.

11
마크 트웨인

사업 수완이 형편없던 위대한 작가

할리우드는 미국이 배출한 가장 놀라운 남자의 삶을 그린 영화를 제작하기 위해 200만 달러를 투자했다. 그는 당대의 가장 유명한 문학인이었고, 전 시대에 걸쳐 가장 널리 읽히는 재미있는 책들을 쓴 작가였다.

그는 열두 살이 되기까지 통나무로 만든 시골 학교에 다녔다. 그게 그가 받은 정규교육의 전부였다. 하지만 옥스퍼드와 예일대에서는 그에게 명예박사 학위를 수여했고, 세계의 석학들은 그와 친해지고 싶어 했다. 그는 소설을 써서 엄청난 돈을 벌었다. 사실 그의 펜 끝에서 나온 이야기들은 그에게 이 세상에 존재하는 그 어떤 작가의 작품보다 더 많은 돈을 벌게 해주었다. 비록 그는 오래전에 죽었지만, 그의 책에서 나오는 인세와 더불어 영화와 라디오에서 나오는 수익은 그의 유족들에게 여전히 어마어마한 부를 안겨주고 있다.

이 작가의 본명은 새뮤얼 랭혼 클레멘스였지만, 우리에게는 마크 트웨인으로 널리 알려져 있다.

　마크 트웨인의 인생은 그 자체가 모험이었다. 그는 미국 역사상 가장 생생하고 파란만장했던 시기에 살았다. 마크 트웨인은 1835년 미시시피 강에서 멀지 않은 곳에 있는 미주리 주의 조용하고 아담한 마을에서 태어났다. 미국에 처음으로 철도가 개통된 지 7년이 되는 해였고, 에이브러햄 링컨이 아직 맨발의 농장 일꾼으로 일하면서 소를 부려 경작을 하던 시절이었다.

　마크 트웨인은 75년 동안 짜릿하고 역동적인 삶을 살다가 1910년 코네티컷에서 숨을 거두었다. 그는 총 23권의 책을 썼는데 일부는 이미 오래전에 잊혀졌다. 하지만 그중 두 권인《허클베리 핀의 모험》과《톰 소여의 모험》은 불멸의 문학작품으로 세기에 걸쳐 세대를 이어가며 읽혀질 것이다. 이 두 권의 책은 그의 실제 경험을 바탕으로 쓰였는데, 정확히 말하자면 그 자신으로부터 고스란히 우러나왔다고 하는 편이 맞을 것이다.

　마크 트웨인은 미주리 주의 플로리다에 있는 방 두 개짜리 조그만 오두막에서 태어났다. 그가 어린 시절에 살았던 집은 요즘의 현대적인 농부들이라면 소나 닭조차 키우지 않을 만큼 허름한 곳이었다. 그 어두운 방 두 칸에서 그의 식구 일곱 명과 어린 하녀, 그러니까 총 여덟 명이 함께 살았다.

　마크 트웨인은 병치레가 잦은 허약한 아기였기 때문에 사람들은 그가 1년을 넘기지 못할 거라고 생각했다. 하지만 그는 자라면서 튼튼하고 지독한 말썽꾸러기가 되었다. 그의 어머니는 마크 트웨인이 다른 식구들 모두를 합한 것보다 더 많은 문제를 일으켰다고 말했다.

그는 항상 재치 있는 농담을 했지만, 학교생활은 꽤나 지루해서 가끔 수업을 빼먹고 도망을 쳤는데 그럴 때는 언제나 올드맨 강으로 달려갔다. 거기서 거대한 미시시피 강의 신비한 섬들, 천천히 움직이는 뗏목과 바다로 흘러가는 우아한 물살에 넋을 잃곤 했다. 그는 몇 시간씩 강가에 앉아서 꿈꾸듯 공상에 빠지곤 했는데, 그러다 아홉 번이나 익사할 뻔했다. 하지만 인디언 놀이와 해적 놀이를 하고, 동굴을 탐험하며, 거북이 알을 먹거나, 뗏목을 타고 강을 내려오면서 그는 값진 경험들을 하게 되었다. 그리고 이 경험은 훗날 자신의 대표작 두 권에서 영원불멸의 등장인물과 배경으로 되살아났다.

마크 트웨인은 어머니로부터 천재적인 유머 감각을 물려받았다. 그는 아버지가 웃는 모습을 한 번도 보지 못했다고 고백했지만 어머니에 대해서는 이렇게 말했다. "어머니는 남자에게서도 보기 힘들고, 여자에게서는 아예 찾을 수도 없는 종류의 능력을 갖고 계셨습니다. 재미있는 이야기를 할 때 웃거나 과장된 표정 없이 아무렇지도 않은 듯 담담하게 말하는 능력이었죠." 어머니로부터 이 능력을 물려받은 마크 트웨인은 가장 유머러스한 대중 연설가 중 한 사람이 되었고, 강연을 통해 많은 돈을 벌 수 있었다.

한편 그의 어머니는 마음이 너무 여려서 말 그대로 파리 한 마리도 죽이지 못했고, 심지어는 쥐를 잡았다고 고양이를 혼낸 적도 있었다. 한번은 키우기가 여의치 않은 새끼 고양이들을 물에 빠뜨려 죽여야 했는데, 그녀는 물을 따듯하게 데워서 고양이들이 덜 고통스럽게 죽도록 해주었다.

마크 트웨인은 항상 학교를 싫어했다. 그의 마음이 숲 속을 돌아다니며 신비로운 미시시피 강의 둑을 탐험하는 것을 갈망할 때, 학교는 그를 통나무 오두막의 네 벽 안에 가둬놓고 자신의 자유를 빼앗는다고 생각했기 때문이다.

그런데 그가 열두 살이 되었을 때, 아버지가 돌아가시면서 그 끔찍한 학교라는 감옥에서 탈출할 수 있는 기회가 찾아왔다.

아버지가 먼 곳으로 영원히 떠났음을 실감하면서 그는 제멋대로 굴면서 말썽 부렸던 것과 아버지의 뜻에 반항했던 일들이 떠올랐다. 감성적인 이 소년은 그제야 회개와 자책의 눈물을 흘렸다.

어머니는 그를 위로하면서 이렇게 말씀하셨다. "이미 지나간 일은 소용없단다. 아버지도 네 잘못은 다 잊으셨을 거야. 이제는 네가 나를 위해 약속해줄 게 있는데…."

"네. 무엇이든 약속할게요." 소년은 흐느끼며 이렇게 말했다. "학교로 돌아가라는 것만 빼고요."

며칠 뒤 마크 트웨인은 한 인쇄업자의 견습생이 되었다. 가족들은 이제 그가 돈도 벌고 공부도 할 수 있을 거라고 생각했다. 하지만 2년간의 견습 기간 동안 그가 받은 건 식사와 옷이 전부였다.

그렇게 인쇄공이 되고 2년이 지난 어느 날 오후, 마크 트웨인은 미주리 주의 해니벌 거리를 걷다가 인도를 따라 바람에 날리던 종이 한 장을 주웠다. 그 종이는 어떤 책에서 찢겨진 한 페이지였다.

이 조그만 사건은 사소해 보이지만, 장차 마크 트웨인의 경력에 가장 큰 영향을 끼쳤다. 그가 주운 종이는 잔 다르크의 전기에서 찢겨진 것으로, 그녀가 루앙 요새에서 포로로 잡혀 있던 장면이 쓰여 있었다. 그 글을 읽은 열네 살의 어린 마크는 그녀가 겪은 부당함에 치를 떨었다. 잔 다르크가 누구지? 그는 알지 못했다. 그녀에 대해 들어본 적도 없었다. 하지만 그때부터 그는 잔 다르크에 대한 글이라면 무엇이든 다 섭렵했다. 마크 트웨인은 그녀의 생애에 대한 연구로 자기 인생의 절반 이상을 뜨겁게 불태웠고, 결국 46년 만에《잔 다르크에 관한 회고》라는 책을 펴냈다. 비평가들은 그 책이 마크 트웨인의 대표작에는 훨씬 못 미친다고 평가했지만, 그는 스스로 자신의 걸작이라고 여겼다. 그는 만약 자신의 이름으로 책이 나온다면 독자들이 우스운 책으로 가볍게 여길 것이라는 걸 잘 알고 있었다. 결국 사람들이 그 책을 진지하게 읽기를 바라는 마음으로 그는 책 표지에 자신의 이름을 넣지 않았다.

앨버트 비걸로 페인은 자신이 쓴 네 권짜리 마크 트웨인 전기에서 이렇게 서술했다.

"잔 다르크의 전기에서 찢겨진 한 페이지의 발견은 마크 트웨인에게 역사에 대한 호기심을 불러일으켰고, 그의 열정을 불태워 지적인 삶으로 이끌었으며, 그 열정은 그가 죽는 날까지 남아 있었다. 종이 한 장이 바람에 날려 그의 손에 들어온 순간부터 그의 지적 탐험은 시작되었다."

마크 트웨인의 사업 수완은 형편없었다. 그는 그럴듯한 사업 계획에 마음을 쉽게 뺏기는 사람이었다. 예를 들면 그는 어떤 책을 읽고 아마존 강 상류의 쩜통 같은 정글에서 코코아를 따다 팔면 엄청난 돈을 벌 수 있겠다고 생각한 적이 있었다. 하지만 그는 코코아에 대해 전혀 몰랐고, 남아메리카까지 장거리 여행을 감당할 경비도 없었다. 설령 그가 아마존 강의 상류에 도착한다고 해도 원주민들과 의사소통이 불가능했을 것이며, 열대지방의 열병에 걸려 죽을 수도 있었다. 하지만 어처구니없게도 그는 어느 날 길에서 주운 50달러 지폐를 들고 아마존 강으로 떠났다. 그리고 신시내티까지는 갔지만, 돈이 다 떨어지는 바람에 여행을 포기해야 했다.

나이가 들면서 그는 책과 강연을 통해 막대한 수입을 올렸지만, 사업에 대한 투자는 매번 실패했다. 몇 가지 사례를 들어보자. 그는 특허받은 증기 발전기에 투자했지만 그 기계는 작동이 되지 않았다. 한 시계 회사에도 투자했는데 그 회사는 첫 배당금을 지급하기도 전에 문을 닫았다. 그는 증기 도르래에도 투자했지만 실패했다. 출판 사업을 시작했다가 16만 달러의 손해를 보고 망하기도 했으며, 활자를 조판한다는 기계에 큰돈을 투자하고 20만 달러를 잃은 적도 있었다.

그러던 어느 날, 마크 트웨인은 알렉산더 그레이엄 벨이라는 젊은 발명가를 만났다. 벨은 전화기라고 불리는 자신의 최신 발명품에 투자를 하라고 그를 설득했다. 이 발명품으로 자기 집에서 다섯 블록이나 떨어진 곳의 사람과 전선을 통해 대화를 할 수 있다는 것이었다. 마크 트웨인은 크게 웃었다. 그는 잘 속는 바보였을지는 몰라도 그렇게까지 멍청하지는 않았다. 그깟 전선을 통해 다섯 블록 떨어진 거리에 있는 사람과 대화할 수 있다니 말도 안 되지!

만약 마크 트웨인이 그때 500달러 정도의 전화 주식을 샀더라면 그는 엄청난 부자가 되었을 것이다. 그러나 그는 그 돈을 전화 주식에 투자하는 대신 한 친구에게 빌려주었는데, 3일 뒤에 그 친구는 파산했다.

1893년 마크 트웨인이 58세가 되었을 때 그는 빚더미에 묻혀 있었다. 나라는 경기 침체의 영향으로 흔들렸고, 마크 트웨인은 건강 악화로 어려움을 겪고 있었다. 그는 파산 신고를 통해 빚을 청산할 수도 있었지만 그렇게 하지 않았다. 대신 자신의 빚을 한 푼도 남김없이 모두 갚기로 결심했다. 글을 쓰고 전 세계에 순회강연을 하면서 말이다. 그는 건강이 좋지 않았고 강연을 질색했음에도 불구하고 빚을 갚기 위해 5년간 세계를 돌아다니며 강연을 했다. 강연은 무척 성공적이어서 강연을 듣기 위해 몰려든 청중들이 모두 들어갈 만큼 큰 강당을 찾기가 어려울 정도였다. 마지막 남은 빚을 다 갚았을 때 마크 트웨인은 이렇게 썼다.

"부담스러운 짐을 내려놓고 다시금 마음의 평화를 찾았다. 일은 더 이상 노동이 아닌 즐거움이 되었다."

마크 트웨인은 사업에 비해 사랑에는 엄청나게 운이 좋았다.

그는 자신이 결혼할 여성을 만나기도 전에 그녀의 사진과 사랑에 빠졌다. 그가 배를 타고 성지순례를 하는 동안에 생긴 일이었다. 이 여행을 바탕으로 그는 《철부지의 해외 여행기》라는 작품을 쓰기도 했다.

운명적인 어느 날, 마크 트웨인은 그의 친구인 찰스 랭던의 선실에 들렀다가 거기서 랭던의 여동생인 아름다운 올리비아의 사진을 보게 되었다. 그 순간 그는 그 소녀가 자기가 결혼하고 싶어 하던 이상형임을 알아보았다. 배를 타고 여행하는 동안 그는 계속해서 랭던의 선실을 찾아가 그 사진을 숭배하듯 바라보았고, 그때마다 그녀가 자신의 신붓감이라는 믿음이 깊어졌다.

몇 달 후 마크 트웨인은 뉴욕의 한 만찬에서 올리비아 랭던을 만나게 되었다. 죽음을 앞두고 그는 이렇게 적었다. "그녀를 처음 만난 날부터 지금까지 그녀는 내 마음속에서 떠난 적이 없다."

마크 트웨인은 곧 뉴욕 엘마이라에 있는 그녀의 아버지 집에 초대를 받았는데, 돌아가야 할 시간이 다 되었는데도 그곳을 떠나고 싶지 않았다. 그래서 랭던의 마부에게 자신이 마차 밖으로 떨어질 수 있도록 마차 좌석을 손봐달라고 했다. 그런 다음 그는 짐을 꾸리고 악수를 나눈 뒤 마차에 올라 손을 흔들며 작별 인사를 했다. 마부가 채찍을 휘두르자 말들은 앞으로 돌진했고, 뒷좌석은 뒤집혀서 순식간에 마크 트웨인은 땅 위로 쓰러졌다. 두 눈은 감겨 있었고, 겉보기에는 반쯤 죽은 듯이 보였다. 뒤이어 굉장한 소란이 있었던 건 당연했다. 랭던 가족은 그를 들어 올려 집 안으로 옮긴 후 침대에 눕혔다.

그는 2주 동안 침대에 누워서 지냈는데 사실은 전혀 다치지 않았다. 마차에서 떨어지는 속임수는 미주리 주의 해니벌에 살던 시절에 이미 배웠던 것이다. 하지만 그는 침대에 누워 그의 사랑스런 연인으로부터 극진한 간호와 보살핌을 받았다. 그들은 서로를 '눈부신 당신'과 '내 사랑 리비'라고 불렀는데, 그녀가 사망할 때까지 34년간 그들의 사랑은 변함이 없었다. 그녀는 그에게 받은 연애편지들을 자물쇠를 채운 상자에 넣어두었는데, 해마다 휴가를 떠날 때는 안전하게 보관하기 위해 은행에 맡겼다.

마크 트웨인의 아내는 남편의 모든 원고를 손수 수정했다. 아내가 잠들기 전에 읽을 수 있도록 그는 밤마다 자신이 낮에 쓴 원고를 그녀의 침대 머리맡 전등 위에 놓아두었다. 아내는 과격한 표현들은 모두 빼고, 모든 것이 나무랄 데 없이 완벽한지 살펴보았다. 아내가 자신의 작품을 어떻게 바꾸건 남편은 항상 두말없이 받아들였다.

마크 트웨인은 자신의 원고를 잃어버리거나 제자리에 놓여 있지 않을까 봐 무척 염려했기 때문에 하녀에게 책상 청소를 시키지 않았다. 심지어 마룻바닥에 분필로 선을 그어놓고 하녀가 그 선을 넘어오지 못하도록 했다.

일흔이 된 마크 트웨인은 이제 자신이 원하는 대로 하고 살아도 될 만한 나이라고 생각했다. 그래서 흰색 정장 14벌과 흰색 넥타이 100개를 구입하고, 살아 있는 동안 머리부터 발끝까지 흰색만 걸치고 다녔다. 심지어 흰색 예복도 입었다.

1835년 밤하늘에 핼리혜성이 나타났을 때 마크 트웨인은 태어났다. 그 혜성은 76년마다 돌아오는데, 그때까지 살아 있는 게 그의 소망이었고, 그 소망은 이루어졌다. 1910년 그가 죽던 날 밤, 핼리혜성은 다시 하늘에서 반짝였다. 죽기 전 그는 딸에게 마지막 부탁을 남겼다. 자신이 좋아했던 스코틀랜드 전통 노래를 불러달라는 것이었다.

마크 트웨인은 뇌막염으로 세상을 떠난 자신의 딸 수지의 묘비에 아래의 4행시를 새겨 넣었다. 그가 사랑해 마지않았던 조국도 그의 묘비에 이 구절을 새겨주었다.

따스한 여름의 태양이여, 이곳을 다정하게 비추어다오.

따스한 남쪽 바람이여, 이곳에 부드럽게 불어다오.

푸르른 잔디여, 가볍게 누우렴, 가볍게 누우렴.

잘 자요, 내 사랑. 잘 자요, 잘 자.

12

마틴 존슨

"요리할 줄 아세요?"라는 세 마디에 이끌려
지구 끝까지 여행한 탐험가

　마틴 존슨은 아프리카의 야생에서 수천 마리의 사자 사진을 찍었지만, 그가 죽인 사자는 딱 두 마리뿐이었다. 그는 아프리카에서 마지막으로 지낸 20개월 동안 자신이 평생 보았던 사자보다 더 많은 사자를 보았지만 한 번도 총을 쏜 적은 없었다고 했다. 사실 그는 총을 갖고 다니지도 않았다.

　아프리카 탐험가들 중 일부는 여행에서 돌아온 뒤 자신이 겪은, 등골이 오싹해지는 경험담을 떠벌리는 걸 좋아한다. 그러나 마틴 존슨은 자신뿐 아니라 아프리카의 야생동물을 제대로 아는 사람이라면 누구라도 대나무 지팡이 하나만 갖고서 카이로에서 희망봉까지 무사히 걸어갈 수 있다고 믿었다. 그가 마지막으로 아프리카에 갔을 때는 미국 방송을 듣기 위해 성능 좋은 라디오도 가져갔다고 했다. 처음 한두 달 동안은 열심히 들었지만, 곧 길고 뻔한 내용의 광고가 지겨워져서 나중에는 몇 달씩이나 라디오를 틀지도 않았다고 한다.

마틴 존슨은 열네 살 때부터 세계를 떠돌기 시작했다. 그의 아버지는 캔자스 주에 있는 인디펜던스에서 보석상을 운영했는데, 그는 아직 꼬마였던 마틴 앞에서 세계 곳곳에서 건너온 나무 상자들의 포장을 벗기곤 했다. 그때마다 마틴은 라벨에 적혀 있던 낯설고 다채로운 이름들인 파리, 제네바, 바르셀로나, 부다페스트 등에 매료되었고, 그 도시들을 직접 가보리라 결심했다.

그러던 어느 날, 집에서 도망쳐 나온 그는 미국 전역을 방황하다가 마침내 유럽으로 가는 가축 수송선에 몸을 실었다. 이윽고 오랜 역사와 문화를 간직한 유럽에 도착한 그는 시키는 일은 무엇이든 했다. 하지만 항상 일감이 있었던 것은 아니었다. 브뤼셀에서는 배를 곯았고, 브레스트에서는 좌절과 향수로 대서양 너머만 바라봤으며, 런던에서는 화물 상자 안에서 잠을 자야 했다. 결국 미국 캔자스로 돌아오기 위해서 그는 뉴욕 행 증기선의 구명보트 속에 숨어 밀항을 했다.

그때 그의 삶 전체를 바꾸고 그를 매력적인 모험의 길로 들어서도록 만들게 된 일이 벌어졌다. 그 배의 한 엔지니어가 마틴에게 잭 런던의 기사가 실린 잡지를 보여준 것이다. 그 기사에서 잭 런던은 자신이 스나크라는 9미터짜리 작은 배로 어떻게 세계를 일주할 계획인지를 설명했다.

존슨은 인디펜던스의 집에 도착하자마자 잭 런던에게 편지를 썼다. 그는 자그마치 여덟 장이나 되는 편지지에 열렬히 동경하는 마음을 담아 자신도 그 여행에 동참하고 싶다고 간청했다. 그는 이렇게 적었다. "저는 이미 외국에 나가본 적이 있습니다. 시카고에서 호주머니에 5달러 50센트만 갖고 출발했는데 돌아왔을 때는 아직 25센트가 남아 있었습니다."

2주가 지났다. 초초하고 불안한 2주였다. 그리고 드디어 잭 런던이 보낸 전보가 왔다. 거기엔 딱 세 단어만 적혀 있었다. 마틴 존슨의 인생을 바꾸어놓은 세 단어였다. "요리할 줄 아세요?(Can you cook?)" 전보는 전신의 특성상 빠르고 간결하게 묻는다.

그는 요리를 할 줄 알았을까? 이런, 그는 밥을 해본 적도 없었다. 하지만 그는 정확하게 세 단어로 답신을 보냈다. "그냥 저만 믿으세요(Just try me)." 그러고 나서 그는 당장 밖으로 나가서 식당의 주방 일을 구했다.

마침내 스나크 호가 샌프란시스코 만의 물살을 가르며 태평양으로 나아갔다. 이때 주방장이자 물병을 세척하는 사람으로 그 배에 탄 사람이 바로 마틴 존슨이었다. 그는 새로 습득한 요리 기술로 빵과 오믈렛, 고기 소스, 수프, 심지어는 푸딩까지 만들 수 있었다.

여행에 필요한 식품을 구입하는 것도 그의 일이었다. 그는 치밀하게 계산해 소금과 후추와 각종 양념들을 넉넉히 준비했다. 선원 한 명이 사용한다면 약 200년 동안 버틸 수 있을 만큼의 양이었다.

여행하는 동안 마틴은 항해법도 익혔다. 자신이 전문 항해사나 다름없다는 생각이 들었다. 그래서 하루는 자신이 얼마나 똑똑한지 보여주려고 배의 현 위치를 지도 위에 표시해보았다. 그 당시 스나크 호는 돛을 바람에 부풀리며 호놀룰루를 향해 가고 있었으니 태평양 한가운데를 지나고 있었다. 하지만 그의 항해 계산에 따르면 배는 대서양 한가운데에 위치한다고 나왔다.

그는 자신의 계산이 완전히 틀렸더라도 부끄러워하거나 실망하지 않았다. 그는 젊은이라면 누구나 꿈꾸는 즐겁고 흥미진진한 삶을 살고 있었다. 그 무엇도 그의 열정을 막을 수 없었다. 한번은 물이 없어서 선원들이 2주 동안 이글거리는 태양 아래서 거의 죽을 지경이었다. 태양이 너무 뜨거워서 갑판의 틈에 붙여놓은 송진이 부드러운 당밀처럼 거품을 일으키며 끓어오를 정도였다.

그 후로 많은 시간이 지났다. 다양한 활동으로 꽉 채워진 시간들이었다. 그동안 마틴 존슨은 7대양을 항해하고 남태평양의 산호섬에서부터 아프리카 깊은 곳의 밀림에 이르기까지 세상 구석구석을 돌아다녔다.

식인종 사진을 미국에 처음으로 소개한 것도 그였다.

또한 마틴 존슨은 피그미 족과 거인족, 코끼리와 기린, 그리고 그 밖의 아프리카 초원에 있는 온갖 야생동물들의 사진을 찍었다. 그가 셀룰로이드 필름에 담아온 다양한 동물 영상은 수천 개의 영화관에서 상영되었는데, 마치 환상적인 동물들로 가득한 노아의 방주를 통째로 우리에게 가져다준 것 같았다. 마틴은 멸종되어가는 야생동물의 삶을 불멸의 기록인 사진으로 남겼다. 수세대가 지나 아프리카의 많은 야생동물들이 더 이상 존재하지 않게 될 때 우리의 후손들은 그가 남긴 사진들을 보며 즐길 수 있다.

마틴 존슨은 인간에게 공격을 당한 적 없고 배도 고프지 않은 상태의 사자는 사람에 대해 전혀 관심이 없다고 했다. 그는 자동차를 타고 15마리의 사자 무리 한가운데로 들어간 적이 있었는데, 사자들은 그냥 자리에 누워서 고양이처럼 눈만 깜박거렸다고 한다. 그중 한 마리가 차로 다가와 앞바퀴를 핥을 뿐이었다. 한번은 암사자가 앞발만 뻗으면 닿을 수 있을 만큼 가까이 다가간 적도 있었는데, 사자는 털끝 하나 움직이지 않았다고 한다.

"사자는 천성이 정말 온순한 동물이라는 말인가요?" 내가 이렇게 묻자 그는 대답했다. "그럴 리가요. 절대 그렇지 않습니다. 제가 아는 가장 좋은 자살 방법은 사자를 믿는 겁니다. 녀석이 언제 당신을 의심하고 공격할지 모르니까요. 이 세상에서 맹렬하게 달려드는 사자만큼 위험한 것은 없습니다. 그건 마치 50킬로그램의 다이너마이트가 당신에게 쏟아지는 것과 같지요. 사자는 한 번의 도약으로 10미터 이상 이동할 수 있고, 결승점 앞에서 힘껏 다리를 뻗는 경주마들보다 더 빨리 달릴 수 있습니다."

가장 위험한 순간은 언제였는지 묻자 그는 대답했다. "그런 순간은 셀 수 없이 많았습니다. 하지만 모두 재미있었지요."

그중 한 번은 남태평양의 어느 섬에서였다. 그가 처음으로 식인종 사진을 찍을 때였는데, 하마터면 펄펄 끓는 솥 안에서

생을 마감할 뻔했다.

백인 상인들이 식인종이 사는 섬을 습격해 그들을 납치한 후 노예로 팔아버린 적이 있었다. 당연히 식인종들은 적대적이었고, 의심이 많았으며, 배도 고팠다. 그들은 이미 다수의 백인들을 죽이고, 물품도 빼앗은 적이 있었다. 그들은 마틴 존슨을 살펴보면서 캔자스에서 온 이 남자로 일요일 저녁에 먹을 맛있고 부드러운 고기 찜을 만들 수 있겠다고 생각했다. 그래서 그가 추장에게 자신이 가져온 선물을 꺼내 보이며 말하는 동안 수십 명의 식인종들이 숲에서 나와 그를 에워싸기 시작했다.

그를 도와줄 만한 사람은 아무도 없었다. 그에게는 권총이 있었지만 상황은 100대 1로 그에게는 수적 열세였다. 그의 이마에서는 공포의 식은땀이 흘러내렸고, 심장은 마구 두근거렸다. 하지만 침착하게 계속 말을 거는 것 외에는 아무것도 할 수가 없었다. 그러는 동안 식탐 많은 식인종들은 포식할 기대에 군침을 삼키며 점점 더 그를 에워싸고 있었다. 캔자스를 떠나 독립한 이후 처음으로 마틴 존슨은 그냥 고향에서 아버지와 함께 평생 보석상을 하는 것도 나쁘지 않았을 것 같다는 생각을 했다.

식인종들이 그를 막 덮치려는 순간 기적이 일어났다. 영국 경비정이 증기를 뿜으며 멀리 해안 아래쪽으로 들어온 것이다. 식인종들이 그 광경을 바라보았다. 그게 무엇을 의미하는지 그들은 알고 있었다. 존슨도 그 믿기 힘든 광경을 바라보았다. 그리고 추장에게 고개 숙여 인사하며 말했다. "보시다시피 저를 찾으려고 배가 왔습니다. 모두들 만나서 반가웠습니다. 안녕히 계세요." 그리고 누군가가 그를 부르기 전에 서둘러 해안으로 내달렸다.

13

하워드 서스턴

기차를 잘못 타는 바람에
유명한 마술사가 된 전직 선교사

어느 추운 밤, 시카고의 맥비커 극장에서 한 무리의 관중들
이 쏟아져 나오고 있었다. 당대 최고의 마술사인 알렉산더 헤
르만의 공연을 관람한 후 모두들 큰 소리로 웃으며 즐거워하고
있었다.

길가에는 신문팔이 소년 한 명이 추위에 떨며 그들에게 〈시
카고 트리뷴〉지를 팔려고 서 있었다. 소년은 힘든 시간을 보내
고 있었다. 그에게는 외투도 집도 잠자리를 마련할 돈도 없었
다. 그날 밤 관중들이 모두 떠나간 후 그는 극장 뒷골목에 있는
맨홀 뚜껑 위에서 신문지로 몸을 감싼 채 잠을 잤다. 그곳은 지
하실의 난로 덕분에 약간의 온기가 남아 있었다.

소년은 배고픔과 추위에 떨며 그곳에 누워 장차 자신도 훌륭
한 마술사가 되겠다고 다짐했다. 털 달린 코트를 입고 관중들
에게 박수를 받는 자신의 모습과 무대 뒷문에서 자신을 기다리
는 소녀들의 모습도 그려보았다. 그래서 자신이 유명한 마술사

가 되면 다시 돌아와서 이 극장 무대의 주인공이 되겠다고 굳게 맹세했다.

그 소년이 바로 하워드 서스턴이었다. 20년이 지난 후 소년은 자신의 꿈을 이루었다. 그는 공연을 마치고 뒷골목으로 나가 25년 전 배고프고 집 없던 신문팔이 소년이었을 때 극장 뒤편에 새겨놓았던 자신의 이름 첫 글자를 찾아냈다.

1936년 4월 13일, 하워드 서스턴이 사망할 당시 그는 마술계의 대부이자 눈속임의 대가였다. 생의 마지막 40년 동안은 전 세계를 순회하며 환상적인 마술들을 선보였고, 관중들은 어리둥절해하며 놀라움에 숨이 막힐 지경이었다. 6000만 명 넘는 사람들이 그의 공연을 보기 위해 입장권을 샀고, 공연 수익은 거의 200만 달러에 달했다.

그가 죽기 얼마 전, 나는 무대 옆에서 그의 공연을 본 적이 있다. 공연이 끝난 후 그는 나를 분장실로 데려가서 몇 시간이고 자신의 흥미진진했던 모험에 대해 들려주었다. 이 마술사가 자신의 인생에서 실제로 겪었던 이야기들은 그가 무대에서 보여준 마술만큼이나 놀라웠다.

그가 어린 소년이었을 때, 그의 아버지는 마차를 너무 빨리 몬다는 이유로 아들을 잔인하게 채찍질했다. 화가 나서 이성을 잃은 그는 문을 쾅 닫고 집 밖으로 뛰쳐나와 고래고래 소리를 지르며 거리를 내달렸고, 그 길로 가출을 해버렸다. 그의 부모는 5년 동안 그를 만나지도, 그에 대한 소식을 듣지도 못했다. 그들은 그가 죽은 건 아닌지 걱정했다.

하워드도 자신이 목숨을 잃지 않은 것은 기적이었다고 인정했다. 그는 부랑자가 되어 화물차를 몰래 타고 다니며 구걸하고 도둑질을 했으며, 헛간이나 건초더미 또는 버려진 건물에서 잠을 자며 숱한 나날을 보냈기 때문이다. 그는 수십 번 체포되었고, 쫓겨 다녔으며, 욕을 먹고, 얻어맞거나 기차에서 내던져졌고, 심지어 총에 맞기도 했다.

그는 말 타는 기수가 되었고 노름꾼도 되었다. 그러다 보니 열일곱 살 때는 돈도 없고 친구도 없이 뉴욕을 떠도는 신세가 되었다. 바로 그때 일생일대의 사건이 발생했다. 우연히 한 종교 모임에 갔다가 '네 안에 악인이 있다'라는 전도사의 설교를 듣게 된 것이다.

전과 다르게 깊이 감동하고 흥분한 그는 자신의 죄를 깨닫고 제단 앞으로 나아가 눈물을 흘리며 회개했다. 2주 뒤, 예전에 부랑아였던 그는 차이나타운의 길모퉁이에서 설교하는 사람이 되어 있었다.

그는 예전의 그 어느 때보다 더 행복했다. 그래서 전도사가 되기로 결심하고 매사추세츠 주 노스필드에 있는 무디 성경학교에 입학했다. 식비와 방값을 벌기 위해 그는 수위로 일했다.

당시 그는 열여덟 살이었고, 그때까지 학교에 다닌 기간은 전 생애를 통틀어 6개월이 넘지 않았다. 화물열차를 타고 떠돌아다니던 시절, 그는 화물칸 창밖으로 철도를 따라 세워진 간판들을 보고 다른 부랑아들에게 무슨 뜻인지 물어보며 읽기를 배운 정도였다. 그는 글을 쓰거나 계산을 할 줄 몰랐고, 철자법도 몰랐다. 그래서 그는 성경학교에 들어간 이후 낮에는 그리스어와 생물학을 배웠고, 밤에는 읽기와 쓰기, 산수를 배웠다.

그는 마침내 의료 선교사가 되기로 결심하고 펜실베이니아 대학에 가기 위해 길을 떠났다. 그리고 그때 그의 삶을 통째로 바꾸어버린 작은 사건이 일어났다.

매사추세츠에서 필라델피아로 가는 길에 그는 알바니에서 기차를 갈아타야 했다. 기차를 기다리는 동안 그는 무심코 한 극장에 들어갔고, 그 극장에서 관객들이 놀라서 눈을 휘둥그레 뜨며 구경하던 알렉산더 헤르만의 마술 묘기를 보게 되었다. 서스턴은 항상 마술에 관심을 갖고 있었고, 카드 마술을 연습했다. 그는 자신의 우상이자 영웅인 위대한 마술사 헤르만과 이야기를 나누고 싶었다. 그래서 헤르만이 묵고 있는 호텔로 가서 그의 옆방을 얻었다. 그는 열쇠 구멍에 귀를 대보기도 하고, 복도를 서성거리며 그의 방문을 두드리려 했지만, 도저히 용기가 나지 않았다.

다음 날 아침, 그는 그 유명한 마술사를 따라 기차역으로 갔다. 그러고는 아무 말 없이 경외심으로 그를 찬양하며 서 있었다. 마술사는 시러큐스로 가는 길이었고, 그는 뉴욕으로 갈 예정이었다. 적어도 그는 뉴욕으로 가야 한다고 생각은 하고 있었다. 그런데 뉴욕 행 기차표를 달라고 한다는 것이 실수로 그만 시러큐스 행 표를 달라고 해버렸다.

그 실수는 그의 운명을 바꿔놓았다. 그를 의료 선교사 대신 마술사로 만든 것이다.

그의 명성이 최고이던 시절, 서스턴은 마술 공연으로 하루에 거의 1000달러를 벌었다. 하지만 그는 자신의 인생에서 가장 행복했던 시절은 길거리의 약장수 쇼에서 사람들에게 카드 마술을 보여주고 하루에 1달러를 벌던 때라고 말하곤 했다. 흔들리는 현수막에는 강렬한 붉은색으로 그의 이름이 적혀 있었고, '서스턴, 북부의 마술사'라고 알려졌다. 그는 미국 중서부인 오하이오 주 콜럼버스 출신이었지만 텍사스에서 볼 때는 북부였기 때문이다.

서스턴은 자신과 비슷한 수준의 마술 실력을 갖고 있는 마술사들이 많다는 사실을 인정했다. 그렇다면 그의 성공 비결은 무엇이었을까?

그가 성공한 데는 최소한 두 가지의 비결이 있었다. 첫째, 그는 무대조명 아래서 자신만의 개성을 표현하는 능력이 있었다. 그는 공연의 달인이었고, 인간의 내면을 잘 이해했다. 마술사에게는 이러한 자질들이 마술에 대한 지식만큼이나 중요하다고 그는 말했다. 목소리의 높낮이뿐 아니라 치켜뜬 눈썹까지 그가 했던 모든 행동들은 사전에 신중히 연습된 것이며, 그의 동작들은 몇 분의 1초까지도 빈틈없이 짠 결과였던 것이다.

둘째, 그는 무엇보다 관객들을 사랑했다. 막이 오르기 전 그는 무대 귀퉁이에 서서 긴장을 풀고 머리를 맑게 하기 위해 제자리 뛰기를 하면서 계속 읊조렸다. "나는 관객들을 사랑해. 나는 그들을 즐겁게 만들고 싶어. 나는 정말 멋진 일을 하고 있어서 참 행복해. 나는 정말 행복해!"

그는 자신이 행복하지 않다면 다른 사람들을 행복하게 해줄 수도 없다는 것을 잘 알고 있었다.

14
윌리엄 랜돌프 허스트

2센트짜리 신문을 팔아 스페인의 성,
뻐꾸기시계, 이집트 미라를 수집하는 언론사의 거물

만일 당신에게 100만 달러가 생긴다면 무엇을 할지 생각해본 적이 있는가? 윌리엄 랜돌프 허스트의 한 달 소득은 100만 달러로 하루 수입이 3만 달러인 셈이다. 당신이 이 짧은 글을 읽는 동안에도 그의 수입은 약 100달러 정도 증가할 것이다.

어느 누구도 그를 윌리엄이라고 부르지 않는다. 그의 가장 친한 친구들조차도 그를 'W. R.'이라 부르며, 7만 명의 직원들은 항상 그에 대해 말할 때 '회장님'이라고 한다.

수백만의 사람들이 그가 발행하는 여러 종류의 신문과 잡지를 읽는다. 그는 세상에서 가장 부유하고 가장 영향력이 큰 출판인이다. 그의 이름은 미국인 모두에게 알려져 있지만, 정작 그에 대해서는 신비에 감싸인 인물처럼 알려진 바가 없다. 보통 사람들은 윌리엄 랜돌프보다는 마하트마 간디의 사생활에 대해 더 많이 알고 있을 정도다.

미국에서 가장 공격적인 성향을 가진 이 출판인에 대해 내가 알고 있는 가장 놀라운 사실은, 그가 과묵하고 수줍음이 많다는 것이다. 반세기 동안 그는 유명 인사들과 친분을 쌓았지만, 사실은 자신이 낯선 이들에게 소개되는 것을 싫어했다.

캘리포니아에 있는 그의 대저택에는 항상 10~60명의 손님들이 머물지만, 그가 가장 좋아하는 오락은 그들에게서 몰래 빠져나와 혼자 카드 게임을 하는 것이다. 그리고 뉴욕에 있을 때 가장 좋아하는 것은 윈도쇼핑이다.

서구에서 가장 거대한 사유지는 캘리포니아에 있는 허스트의 목장이다. 이 목장은 25만 에이커의 땅으로 이루어져 있고, 바위투성이 해안을 따라 80킬로미터에 걸쳐 뻗어 있다. 그는 거센 태평양 파도의 600미터 위, 바람이 몰아치는 장소에 위풍당당한 무어 양식의 성들을 짓고 '마법에 걸린 언덕'이라고 불렀다.

그는 이 성들의 가구를 마련하는 데 엄청난 돈을 지출했다. 벽은 한때 프랑스의 대저택들을 장식했던 고블랭 직물의 벽걸이 융단으로 꾸몄고, 웅장한 연회실들은 불멸의 작품인 렘브란트, 루벤스와 라파엘의 은은한 그림들로 장식했다. 초대받은 그의 손님들은 웅장한 연회실에서 진귀한 예술 작품들에 둘러싸여 만찬을 즐겼다.

그는 바넘의 서커스를 무색하게 할 정도의 다양한 야생동물들도 수집했다. 얼룩말과 물소, 기린과 캥거루 떼들이 언덕 위를 배회하고, 수천 마리의 이국적인 새들은 나무 사이를 쉴 새 없이 날아다니며, 사자들과 호랑이들은 그의 개인 동물원에서 이빨을 드러내며 으르렁거렸다.

내 친구인 프랑크 메이슨은 프랑스에서 허스트가 원하는 골동품들을 구입하곤 했다. 허스트는 귀한 예술품들을 배가 가득 찰 만큼 많이 구입하는데, 심지어는 성을 통째로 사들인 적도 있다. 그런 경우에는 미국으로 운반할 때 모든 돌과 벽돌, 목재마다 번호를 적고, 원래 있던 자리를 기록한 표를 붙여서 박스에 넣었다. 덕분에 그는 그 성들을 정확하고 원본에 충실하게 복원할 수 있었다.

그는 너무 많은 예술 작품들을 구입했기 때문에 결국 사용하지 않는 것들을 보관하기 위해 뉴욕에 커다란 창고를 마련해야 했다. 그 창고에는 직원이 20명이나 있었고, 1년에 드는 유지비용만 6만 달러였다. 창고에는 뻐꾸기시계부터 이집트의 미라까지 없는 게 없었다.

윌리엄 랜돌프 허스트의 아버지는 미주리 주의 농부였다. 1849년 그의 아버지는 골드러시 때 서부를 향해 떠났다. 한 무리의 소 떼와 뚜껑 덮인 마차를 따라 3000킬로미터의 평원을 걸었고, 인디언들과 싸웠으며, 금을 발견해 수백만 달러를 벌었다.

점점 나이가 들자, 아버지는 저택 안에 있는 큰 나무 그늘 아래 앉아 있는 것을 좋아했다. 몇 년 전에 윌리엄 랜돌프 허스트는 그 나무가 창문 중 하나의 바다 경치를 가린다는 것을 발견했다. 그는 아버지가 사랑했던 나무를 잘라낸다는 건 생각조차 할 수 없었기에 4만 달러를 들여 그 나무를 10미터 정도 이동해 옮겨 심었다.

그는 동물들을 무척 좋아한다. 예를 들면 어느 날 영화사 중역들이 허스트와 회의하기 위해 할리우드에서 날아왔지만, 그는 꼬리가 잘려나간 애완용 도마뱀을 돌보느라 그들을 기다리게 했다. 또 한번은 다리가 부러진 기니피그 때문에 한밤중에 자신의 개인 요트로 의사를 데려와서 500달러의 치료비를 지급한 적도 있다.

허스트는 전문가 수준의 아마추어 사진가로 매년 수천 장의 사진을 찍는다. 또한 소총 사격 솜씨도 일품이다. 어느 날 그는 요트를 타고 나갔다가 엉덩이에 차고 있던 권총으로 갈매기의 날개를 쏘아 떨어뜨려서 그의 손님들을 놀라게 했다. 그는 클로그 댄스 전문가였고, 남을 흉내 내는 기술이 뛰어났으며, 훌륭한 이야기꾼이었다. 그의 기억력은 거의 백과사전과 맞먹을 정도다. 만약 당신이 그에게 헨리 8세의 부인들 이름을 묻거나 미국 역대 대통령의 이름들을 나열해보라고 하면, 그는 백이면 백 모두 지체 없이 대답할 것이다.

어느 날 지미 워커와 찰리 채플린이 허스트의 농장을 방문했는데, 《성경》에 나오는 어떤 인용구의 정확한 표현을 두고 논쟁을 벌였다. 허스트는 그 인용구를 단어 하나 틀리지 않고 그대로 옮겨 말해줌으로써 그 논쟁을 해결했다.

그는 젊은 사람들과 어울리기를 좋아하며, 자기 앞에서는 누구도 죽음을 언급하지 못하게 한다.

윌리엄 랜돌프 허스트가 아버지로부터 받은 유산은 3000만 달려였다. 평생 아무 일도 하지 않고 여유로운 삶을 즐길 수 있는 돈이었다. 하지만 그는 하나님이 그를 은퇴시키기 전까지는 자신도 결코 은퇴하지 않겠다고 맹세하며, 50년 동안 하루에 8~15시간씩 일했다.

15

라이오넬 배리모어

26세에 인기 스타, 53세에 퇴물,
57세에 다시 미국 최고가 된 배우

1918년 라이오넬 배리모어가 〈살모사〉에서 밀트 쉥크스 역으로 브로드웨이에 데뷔하던 날 밤, 나는 그 현장에 있었다. 그의 무대는 성공적인 공연이자 감동적인 역사를 이루어낸 승리였다. 흥분한 청중들은 벌떡 일어나 15번의 커튼콜을 외치며 열광적이고 미친 듯 환호했다.

15년 뒤, 나는 브로드웨이에 있는 MGM 영화사의 배우 휴게실에서 라이오넬 배리모어와 오랜 시간 이야기를 나누었다. 그가 자신이 배우로 인정받기 위해 고군분투했던 경험담에 대해 이야기를 시작했을 때, 나는 깜짝 놀랐다. "뭐라고요? 당신이요? 그렇게 명망 높고 화려한 배리모어 가문 출신의 당신이 그런 고생을 할 필요는 전혀 없었을 텐데요!" 나는 따지듯 물었다.

그는 나를 잠시 쳐다보더니 특유의 나지막이 울리는 목소리로 대답했다. "당신이 말하는 그런 존재는 없습니다. 명성은 자주 걸림돌이 되지요."

배리모어 가문의 아이들은 조금 정신없고 특이한 유년 시절을 보냈다. 그들의 아버지인 모리스 배리모어는 상당히 매력적이고 호감 가는 남자 중 한 명이었는데, 무대 밖에서는 무모한 장난으로 인상적인 일들을 만들었다.

그는 가진 돈을 몽땅 털어서 동물을 사곤 했다. 곰과 원숭이, 그리고 도둑고양이들과 다양한 종류의 개들을 자주 집으로 데려오곤 했다. 존과 라이오넬 형제는 어느 여름에 스테이튼 섬의 한 농가에서 오로지 늙은 흑인 하인 한 명과 크기와 모양, 품종이 다른 35마리의 개들과 함께 보낸 적도 있다.

라이오넬, 존, 그리고 에델 배리모어가 〈라스푸틴과 황후〉에 출연했을 때, 할리우드는 처음으로 그들이 함께 출연했다고 자랑스럽게 발표했지만 실상은 그렇지 않았다. 배리모어 삼남매가 함께 데뷔한 것은 그보다 40년도 더 전의 일이었다. 극장은 스테이튼 섬에 있는 한 배우의 하숙집 뒤에 있던 다 쓰러져가는 헛간이었고, 관객은 고작 동네 아이들뿐이었다. 입장료는 1페니였고 총 수입은 37센트였다. 그들은 〈춘희〉를 공연했다. 매니저 역할을 했던 에델은 라이오넬과 존에게 각각 10센트씩 나누어주고, 나머지 17센트는 혼자 차지하는 바람에 그들에게 원성을 들었다.

라이오넬과 존은 배우가 아닌 화가가 되고 싶었다. 라이오넬은 잠시 동안 파리에서 미술을 공부하기도 했다. 그 당시 돈이 떨어져 배고팠던 적은 없었냐고 물었더니 그는 이렇게 말했다. "물론 아주 많았죠. 제가 그린 그림들을 잡지사에 못 팔았거든요. 물론 집에 전보를 쳐서 돈을 받을 수는 있었는데, 가끔은 전보를 칠 만한 돈도 없었답니다. 존과 저는 그리니치 빌리지에 작은 방을 하나 구했어요." 그는 말을 이었다. "하지만 가구를 살 돈은 없었습니다. 사실 침대도 없었어요. 그래서 우리는 바닥에서 잠을 잤고, 너무 추울 땐 책으로 몸을 덮었어요. 그때 우리와 함께 살던 작가 친구가 있었는데, 그에겐 넣었다 뺐다 할 수 있는 금니가 하나 있었습니다. 그래서 돈이 다 떨어지면 우리는 그 금니를 전당포에 맡기곤 했어요. 지금도 기억하기로는, 동네에 있는 전당포란 전당포는 모두 다녀봤지만 70센트 이상 주는 곳은 없었습니다."

라이오넬 배리모어가 스물여섯 살 때, 그는 브로드웨이에서 이름을 날리는 스타였다. 그러나 53세 때, 그의 명성은 추억에 묻혔다. 그의 잘생긴 동생 존은 세계 최고의 대우를 받는 스타 중 한 명이 되었고, 여동생 에델은 뉴욕에 자신의 이름을 내세운 극장도 갖고 있었지만, 라이오넬은 할리우드에서 감독으로 조용히 지내고 있었다.

가족과 친구들은 충격을 받았다. 그들은 미국에서 가장 재능 많은 연극배우가 재능을 썩히고 있다며 몹시 한탄했다. 하지만 라이오넬은 불평하지 않았다.

그는 30년 동안 무대 뒤에서 얻은 기술과 지식을 영화를 제작하는 데 모두 쏟아 부으면서 꿈을 꾸고 연구하며 시험해보았다. 그는 음향 카메라를 이리저리 이동시킬 수 있다는 사실을 발견한 최초의 감독이었다. 그 발견은 유성영화에 대변혁을 일으켰다. 그는 〈마담 엑스〉의 루스 채터턴, 〈로그 송〉의 로렌스 티베트, 〈10센트짜리 춤〉의 바바라 스탠위크와 함께 영화사에 길이 남을 불후의 명작들을 남겼다. 이미 그의 나이는 53세였고, 솔직히 배우로서의 인생은 끝났다고 믿었다.

그가 연기에 대해 체념한 채 여생을 영화감독으로 보내겠다고 받아들였던 바로 그때 기회가 찾아왔다. 노마 시어러가 〈자유의 혼〉을 제작 중이었는데, 아버지 역할을 할 뛰어난 연기자가 필요했다. 라이오넬 배리모어는 카메라 앞에 섰고, 그는 배우로서 다시 명성을 얻었다. 그는 영화예술과학 아카데미로부터 메달을 받았다. 그러자 그를 한물갔다고 여기던 제작자들이 앞다투어 그를 섭외했다. 그는 〈노란 티켓〉, 〈마타 하리〉, 〈그랜드 호텔〉, 〈라스푸틴과 황후〉, 그리고 〈아, 황야!〉 등의 영화를 연달아 히트시켰다.

할리우드로 복귀하기 전에 좌절한 적이 있었느냐고 그에게 물었더니 그는 이렇게 대답했다. "없습니다. 제 인생에는 언제나 기복이 있었지요. 많은 사람들이 저를 두고 끝났다고 말했지만 그 말에 대해 크게 신경 쓰지 않았습니다. 저는 항상 너무 바빠서 그런 문제에 대해 걱정할 새도 없었거든요."

16

서머싯 몸

'신경 쓸 만한 가치가 없는' 작품으로
〈햄릿〉 이후 가장 위대한 희곡을 만들어낸 작가

　지금까지 쓰인 희곡 중에서 가장 훌륭한 작품은 무엇이라고
생각하는가? 뉴욕을 대표하는 희곡 비평가들이 역대 가장 훌
륭한 열 편의 작품을 놓고 비밀투표를 실시했는데, 1위의 영광
은 〈햄릿〉에게 돌아갔다. 그리고 두 번째로 위대한 희곡은 〈맥
베스〉도, 〈리어왕〉도, 〈베니스의 상인〉도 아닌 〈레인〉이 결정되
었다. 그렇다. 〈레인〉은 남태평양에서 섹스와 종교가 서로 격
렬하게 대립하는 격정적인 드라마로서, 이 작품은 서머싯 몸의
단편소설을 토대로 만들어졌다. 몸은 〈레인〉으로 20만 달러를
벌었다. 하지만 그가 이 작품을 쓰는 데는 단 5분도 걸리지 않
았다.

　사건의 전말은 이렇다. 그는 〈사디 톰슨〉이라는 단편소설을
썼지만 별로 대수롭지 않게 여겼다. 그런데 어느 날 밤, 존 콜튼
이 그의 집에서 하루를 묵게 되었다. 잠들기 전에 뭔가 읽을 만
한 게 필요하다는 콜튼의 말에 몸은 그에게 〈사디 톰슨〉의 교

정본을 건네주었다.

콜튼은 그 이야기를 읽고 반해버렸다. 내용은 그를 전율시킬 만큼 대단했다. 그는 침대에서 벌떡 일어나 방 안을 서성거렸다. 그날 밤, 그는 이 이야기가 연극으로 상영되는 장면을 상상해보았다. 분명 역사에 길이 남을 만큼 훌륭했다.

다음 날 아침 그는 서머싯 몸에게 달려갔다. "이 책을 각색하면 굉장한 희곡이 될 걸세." 그는 말했다. "나는 밤새 그 생각만 했다네. 이제 좀 자야겠어. 정말 한숨도 못 잤거든."

하지만 몸은 시큰둥했다. "희곡이라고?" 그는 딱딱한 영국 말투로 말했다. "그래, 섬뜩한 종류의 희곡은 될지도 모르겠네. 6주는 상연할 수 있겠지. 하지만 그렇게 잠도 못 자고 신경 쓸 만한 가치는 없다네. 진심으로." 하지만 가치가 없다고 했던 그 희곡이 그에게 20만 달러를 안겨주었다.

희곡이 완성되자, 몇몇 제작자들은 그 작품을 거절했다. 분명 실패할 거라고 확신했기 때문이다. 그때 샘 해리스가 이 작품을 받아주었다. 그는 잔느 이글스라는 젊은 여배우에게 주인공 역을 맡기려고 했다. 하지만 극단 쪽 대리인이 반대했다. 좀 더 알려진 배우를 원했기 때문이다.

그러나 결국엔 잔느 이글스가 주인공 역을 맡아 열정적이고 강렬한 사디 톰슨을 연기함으로써 브로드웨이에 돌풍을 일으켰다. 그녀는 객석을 가득 메운 관객들 앞에서 무려 415회의 공연을 성황리에 마쳤다.

서머싯 몸은《인간의 굴레》,《달과 6펜스》,《면도날》같은 위대한 소설을 남겼고, 흥행에 성공한 희곡도 20여 편 썼다. 하지만 그 자신이 만족하고 가장 훌륭한 희곡이라고 내세울 만한 작품은 쓰지 못했다.

지금 사람들은 그를 천재라고 부른다. 하지만 그가 글을 쓰기 시작한 이후 11년 동안 그의 재정 상태는 형편없었다. 생각해보라! 작가로서 수백만 달러를 벌게 될 운명이었던 이 남자는 11년 동안 이야기와 소설을 쓰면서 1년 수입이 겨우 평균 500달러였다. 그래서 가끔 배를 곯기도 했다.

그는 고정된 월급을 받으며 사설을 쓰고 싶었지만 그마저도 어려웠다. 몸은 이런 말을 한 적도 있었다. "나는 계속 글을 써야만 했어요. 말 그대로 내가 버틸 만한 일자리가 없었거든요."

그의 친구들은 계속 글만 쓰려고 하는 그에게 바보라고 말했다. 그는 이미 의대도 졸업했기 때문에 소설 같은 건 잊고 의사로 일해보라고 충고하기도 했다. 하지만 그 무엇도 자신의 이름으로 영문학사에 큰 획을 긋겠다는 그의 결심을 꺾을 수 없었다.

〈믿거나 말거나〉로 유명한 밥 리플리는 내게 이런 말을 한 적이 있다. "10년 동안 무명 신세로 노예처럼 일하던 사람도 단 10분 만에 유명해질 수 있습니다." 리플리와 몸에게도 바로 이런 일이 일어났다.

서머싯 몸에게 첫 번째 기회는 이렇게 찾아왔다. 런던에서 어떤 작가의 희곡이 실패하자 극장의 매니저는 대체할 무언가를 찾고 있었다. 그는 흥행할 만한 작품을 찾는 게 아니었다. 단지 제대로 된 작품으로 리허설에 들어갈 때까지 그 공백만 채울 수 있다면 어떤 것이라도 상관없었다.

그는 책상을 뒤지다가 서머싯 몸의 희곡을 찾아냈다. 〈프레더릭 부인〉이었다. 1년 전에 읽어본 후 그저 그렇다고 생각되어 책상 속에 넣어두었던 것이었다. 하지만 그때 기억을 떠올려보니 몇 주 정도 시간 때우기에는 괜찮을 것 같았다. 그는 그 작품을 무대에 올렸고 곧 기적이 일어났다. 〈프레더릭 부인〉은 대성공이었다. 온 런던이 들썩였다. 오스카 와일드의 톡톡 튀는 대사 이후 그토록 영국 사람들에게 웃음을 준 작품은 없었다.

즉시 런던에 있는 모든 극장 매니저들은 서머싯 몸에게 희곡을 부탁했다. 그는 자신의 책상에서 오래 묵은 원고들을 꺼냈다. 그리고 몇 주가 지나지 않아 세 편의 연극이 객석을 가득 메운 관객들 앞에서 상연되었다.

황금물결처럼 작품 인세가 엄청나게 들어왔다. 출판업자들은 새로 나타난 천재의 작품을 흥정하기 위해 서로 앞다투어 경쟁하기 시작했다. 사교계는 그에게 파티 초대장을 보냈고, 11년간의 무명 생활을 마친 서머싯 몸은 런던 사교계 파티에서 유명 인사가 되어 있었다.

몸은 절대로 1시 이후에는 글을 쓰지 않는다고 내게 말했다. 오후가 되면 뇌의 움직임이 둔해진다고 한다. 그는 글쓰기 전에 항상 파이프 담배를 피우며 한 시간 동안 철학책을 읽는다.

자신은 미신을 믿지 않는다고 말했지만, 그럼에도 불구하고 그는 자신의 책 표지에 악마의 눈 표시를 찍어놓았다. 가족이 사용하는 식기와 자신의 필기구, 그리고 트럼프 카드에도 똑같이 기이한 문양이 찍혀 있었다. 벽난로 위의 선반과 심지어는 그의 저택 입구에도 새겨두었다. 하지만 정말로 그 존재를 믿느냐는 나의 질문에 그는 그저 미소만 지었다.

17
클래런스 대로

어릴 적 겪었던 모욕이 만든
당대 최고의 형사 전문 변호사

한 선생이 어린 소년의 따귀를 때렸다. 소년이 자기 자리에 가만히 있지 않고 계속 들썩이며 꼼지락거렸기 때문이다. 선생은 다른 학생들 앞에서 소년의 따귀를 때리고 창피를 주었다. 소년은 집에 돌아가는 내내 울었다. 당시 소년은 겨우 다섯 살이었지만 자신이 학대와 부당한 대접을 받았다고 생각했다. 그는 이 일로 부당함과 학대를 증오하게 되었고, 평생에 걸쳐 부당함과 학대에 맞서 싸웠다.

그 소년의 이름은 클래런스 대로, 미국에서 가장 잘 알려진 변호사이자 당대 최고의 형사 전문 변호사다. 그의 이름은 세간의 주목을 받았고, 전국 모든 신문의 헤드라인을 수차례 장식했다. 그는 운동가이자 반항아였으며, 투쟁가이자 힘없는 자들의 영웅이었다.

오하이오 주 애슈터불라에서 오래 거주한 노인들은 그가 제일 처음 맡았던 소송에 대해 아직까지도 이야기한다. 그 사건은 중고 말 용품의 소유권에 관련된 5달러짜리 소송이었다. 하지만 클래런스 대로에게는 신념이 걸린 문제였다. 그는 마치 사나운 벵골 호랑이와 싸우기라도 하듯 불의가 가득한 그 소송에 맞서 싸웠다. 그 소송으로 그가 받은 수임료는 고작 5달러였지만, 그는 사비를 털어 7년에 걸쳐 7번의 재판을 했고 결국 승소했다.

대로가 말하길, 자신은 한번도 돈이나 명예를 꿈꿔본 적이 없었으며 늘 게으른 사람이었다고 한다. 그는 한 시골 학교의 교사로 사회생활을 시작했는데, 어느 날 그의 일생을 바꾸어놓은 사건이 일어났다. 마을에는 대장장이가 한 명 있었는데, 그는 일이 바쁘지 않을 때는 법률 공부를 했다. 클래런스 대로는 이 대장장이가 양철공의 가게에서 어떤 소송 사건에 대해 논쟁하는 것을 듣고 이 시골 연설자의 재치와 달변에 반했다. 대로 자신도 논쟁을 즐겼기에 그는 대장장이에게 법률 서적을 빌려서 법을 공부하기 시작했다. 월요일 아침이면 그는 법률 서적을 학교에 가져가 학생들이 지리나 산수를 공부하는 동안 법전을 읽었다.

하지만 만약 그의 행동을 자극하는 그 일이 발생하지 않았더라면, 그는 평생 시골의 변호사로 남았을 거라고 했다.

대로 부부는 한 치과의사로부터 오하이오 주의 애슈터뷸라에 있는 작은 집을 구입하기로 했다. 집값은 3500달러였다. 대로는 은행에서 500달러를 찾았는데 그 돈은 대로가 갖고 있는 전부였다. 그래서 남은 금액에 대해서는 매년 분할해서 갚기로 합의했다. 그런데 계약이 거의 성사될 무렵, 치과의사의 아내가 계약서에 서명하기를 거부했다.

그녀는 무시하는 투로 이렇게 말했다. "이봐요, 젊은이. 당신이 평생 3500달러를 벌 수 있을 거라고는 믿기지 않네요."

대로는 분노했다. 그는 더 이상 그런 마을에서 사는 게 싫어졌다. 그래서 애슈터뷸라를 박차고 나와 시카고로 향했다.

시카고에 간 첫 해에 그는 300달러밖에 벌지 못했다. 방세를 내기에도 부족한 액수였다. 하지만 다음 해에 그는 시의 고문 변호사가 되어 첫 해의 10배인 3000달러를 벌게 되었다.

"제 운이 바뀌기 시작하자, 모든 게 저를 위해 빠르게 움직이는 듯했습니다." 얼마 지나지 않아 그는 시카고앤노스웨스턴 철도 회사의 수석 변호사가 되었고, 순조롭게 고소득자의 길로 들어섰다. 그러던 중 마을에 갑작스러운 사건이 발생했다. 그 사건은 증오와 폭동, 유혈이 낭자한 파업이었다.

대로의 마음은 파업 참가자들에게 기울었다. 철도 노조 대표인 유진 뎁스가 법정에 소환되자, 대로는 철도 회사의 편에 서야 하는 자신의 직업을 버리고 파업 참가자들을 대변했다. 그 재판이 대로가 맡았던, 세상을 놀라게 한 치열한 재판들의 첫 번째 시작이었다.

그의 재판들은 하나같이 재판 역사상 파격적인 사건들이었다. 예를 들면 어린 바비 프랭크스를 살해했다고 고백한 레오폴드와 로엡의 유명한 사건을 들 수 있다. 사람들은 그 범죄의 잔혹함에 심한 공포를 느끼고 큰 충격을 받았다. 그래서 클래런스 대로가 두 살인범의 변호에 착수하자, 사람들은 감히 그런 범죄자들 편을 들다니 그 흉악범들보다 더 악랄하다고 그를 매도하고 핍박했다. 그렇다면 그는 왜 그 일을 했을까?

대로는 다음과 같이 말했다.

"증오와 적의의 물결에 대항해 제가 할 수 있는 일을 하기 위해서였습니다. 제 고객 중 어느 누구도 사형을 당하지는 않았습니다. 만약 그런 일이 벌어진다면 제 자신이 사형을 당하는 것만큼이나 괴로울 것 같습니다. 저는 사형 집행에 관한 이야기는 도저히 들을 수가 없었습니다. 그래서 교수형이 집행되는 날은 가능한 한 마을을 떠났지요. 저는 사형에 강력하게 반대합니다."

사회가 범죄자들을 만들어내기 때문에 누구든지 범죄자가 될 수 있다고 그는 말했다. 대로 자신도 재판을 받는다는 것이 어떤 건지 알고 있었다. 그는 한 배심원을 매수했다는 혐의로 기소된 적이 있었는데, 스스로 변호하기 위해 자신의 뛰어난 말솜씨를 발휘해야만 했다. 재판을 받던 중에 그는 자신이 들었던 말 중에서 가장 감동적인 감사의 표현을 듣게 된다. 예전에 그의 고객이었던 사람이 그에게 이렇게 말했다. "지난번 제가 곤경에 빠졌을 때 당신은 저를 교수대에서 구해주셨습니다. 이제 당신이 어려움에 처했으니 제가 당신을 돕고 싶습니다. 변호사님 상대편의 중요 증인들을 제가 없애드리겠습니다. 아무런 대가 없이요."

몇 년 전, 대로는 자신의 인생 이야기를 담은 책을 한 권 출판

했다. 나는 밤이 늦도록 그가 자신의 인생철학에 대해 밝힌 장을 읽고 또 읽었다.

"나는 내가 실제로 성취한 것이 얼마나 많은지, 혹은 얼마나 적은지 잘 모른다. 살면서 실수도 많이 했고, 인색한 인생으로부터 가능한 많은 즐거움을 얻으려고 애썼다. 오로지 삶의 방향과 목표만 놓치지 않으려고 노력하면서 하루하루가 그 자체로 충분하도록 살아야 한다.

나는 내가 늙었다는 사실이 실감나지 않는다. 도대체 그 긴 하루는 다 어디로 가버린 걸까? 내 앞에 세상 전부가 펼쳐져 있고 헤아릴 수 없을 만큼 많은 시간이 있다고 여기며 삶의 여행 길을 나선 때가 엊그제 같다. 이제 순례는 거의 끝나가고 하루가 지나간다. 그런데도 내가 아직 가보지 않은 길은 얼마나 많은가. 그리고 또 내가 걸어온 길은 얼마나 짧아 보이는가."

18

클라이드 비티

사자 입 안에 머리를 집어넣겠다면 방독면이 필수다!
최고의 맹수 조련사

그는 호랑이에게 할퀴고 물어뜯긴 적이 있다. 사자의 이빨이 자신의 다리에 박혀 뼈까지 닿는 걸 느꼈던 적도 있다. 코끼리에게 공격당해 상처를 입기도 했고, 곰에게 짓밟혔으며, 흑표범의 발톱에 베이고, 하이에나에게 물린 적도 있었다. 그는 21번이나 피를 흘리고 살이 찢겨진 채로 병원에 실려갔다. 마지막으로 병원에 갔던 건 그가 기르던 사자 중 가장 큰 네로가 그를 공격해서 거의 초주검이 되었을 때로, 당시 그는 병원에 10주간 입원했으며 한쪽 다리를 잃을 뻔했다.

클라이드 비티는 세상에서 가장 위험한 일을 한다. 생명보험 회사들은 그가 언제든 야만스러운 동물의 발톱에 갈가리 찢겨질 수 있다는 걸 알았다. 그래서 그의 생명을 놓고 도박하는 것을 거절했다. 그는 보험 혜택을 받지 못하는 유일한 서커스 공연자였다.

그는 사자와 호랑이 다루는 일을 그만둘까 생각한 적도 있다고 말했다. 하지만 만약 그가 매일 공장 출근 카드에 출근 도장을 찍거나 또는 그와 비슷한 일을 한다면, 그 일이 자신을 죽이게 될 것 같다고 했다. 그리고 만약 자신이 죽게 된다면, 지루하게 지내다 죽기보다는 동물의 뿔에 받혀 죽는 게 더 낫다고 했다.

클라이드 비티는 가슴 설레고 흥미진진한 인생의 절반인 15년을 서커스단의 대형 천막 아래서 보냈다. 오하이오 주 칠리코시에서 살던 어린 시절, 그는 서커스에 미쳐 있었다.

어느 날 바넘앤베일리 서커스단이 마을에 찾아왔다. 세탁소 주인이 가게 창문에 서커스 포스터를 붙였다. 노랑과 자주, 빨강색으로 그려진 화려한 그림에는 용감무쌍한 사자 조련사가 우리 안에서 으르렁대는 아프리카 사자들을 향해 용감하게 채찍을 휘두르는 모습이 담겨 있었다. 비티는 세탁소 안으로 들어가 주인에게 서커스단이 마을을 떠나면 그 포스터를 자기한테 달라고 애원했다. 세탁소 주인은 이렇게 말했다. "그래, 네가 일주일간 내 심부름을 해준다면 그걸 주마." 그래서 그는 그렇게 하기로 했다.

이 열두 살 아이는 이미 으르렁대고 물어뜯는 자신만의 친구들이 있었다. 최소한 그는 그들이 친구라고 믿었다. 그에게는 다섯 마리의 개가 있었는데, 녀석들에게 앞발 들고 재롱 부리기, 몸 구르기, 뒷발로 걷기 등을 훈련시켰다. 그리고 시간이 날 때마다 자신의 서커스 포스터를 붙이고 동네 아이들을 불러 모아 다양한 동물 공연을 했다. 그 후 매년 서커스단이 마을에 오면 그는 그들을 찾아가서 일하게 해달라고 애원했다. 하지만 그러기에 그는 너무 어렸다.

그러던 어느 여름날, 커다란 서커스단 마차가 덜컹거리며 마을을 빠져나갔을 때 클라이드 비티는 흥분으로 고동치는 심장을 안고 그 안에 타고 있었다. 사흘 동안 그의 부모는 미친 듯이 그를 찾아 헤맸다. 서커스단에서 동물 우리를 청소하는 일을 맡았다는 아들의 편지를 받기 전까지 그의 어머니는 매일 밤을 울며 지새웠다. 그는 겨우 열다섯 살이었고 한 달에 5달러밖에 못 벌었지만, 그토록 꿈꾸던 천국에서 살게 되었다.

10년이 지나지 않아, 오하이오 주 칠리코시 출신의 이 청년은 역사상 최고의 사자 조련사가 되었다. 그가 보여준 연기는 너무 위험하고 무모해서 서커스 단원들조차 그런 공연은 불가능하다고 말했다.

그리고 실제로 그 공연을 해내는 것을 보았을 때, 그들은 그가 미치광이고 자기 생명을 하찮게 여긴다고 말했다. 그는 40마리의 으르렁거리는 사자와 호랑이를 한 우리에 집어넣고 채찍을 휘두르며 그들의 재주를 관객들에게 보여주었다. 40마리의 사자와 호랑이들은 털을 뻣뻣이 세우고 격렬한 증오와 분노로 서로 으르렁거렸다. 사자와 호랑이는 원래 원수지간이라 서로 만나는 순간 싸운다는 점에서 그 공연은 서커스계 사람들 사이에서도 엄청난 화젯거리였다. 비티는 서로 싸우고 으르렁거리며 살기등등한 밀림의 맹수들이 가득한 우리 안으로 직접 들어간 적도 여러 번 있었다.

이상하게 들리겠지만, 클라이드 비티는 다루기에 가장 위험한 동물은 사자나 호랑이가 아니라고 말한다. 그는 사자와 호랑이, 표범, 곰, 하이에나와 코끼리를 다뤄봤는데, 그 가운데 가장 위험한 짐승은 북극곰이라는 사실을 알아냈다.

그리고 가장 어려운 묘기는 호랑이를 코끼리 등 위에 태우게 하는 것이라고 한다. 사실 그는 언젠가 코끼리 때문에 죽을 뻔했던 적이 있다. 호랑이 우리에 다녀온 비티에게서 코끼리는 자기가 싫어하는 호랑이의 냄새를 맡고 비티를 공격했기 때문이다.

동물 조련사들은 동물을 훈련시킬 때 눈을 똑바로 쳐다본다는 말을 들어본 적이 있는가? 클라이드 비티는 그건 터무니없는 이야기라고 말했다. 보통 사자는 메이 웨스트(미국의 여배우이자 섹스 심벌—옮긴이)처럼 아름다운 여자가 자신을 쳐다본다고 해도 전혀 신경 쓰지 않는다고 한다. 그가 동물의 눈을 쳐다보는 단 하나의 이유는, 그들이 지금 무엇을 하고 있고 다음에는 무엇을 하려는지 알아내기 위해서라고 한다.

비티는 실제로 사자의 입 속에 자기 머리를 집어넣은 조련사는 없다고 말한다. 그냥 그런 것처럼 보일 뿐이다. 그는 이렇게 말했다. "무모한 동물 조련사들을 몇 명 알고 있지만, 사자 입 안에 자기 머리를 집어넣을 만큼 멍청한 조련사 얘기는 들어본 적이 없습니다." 게다가 사자는 입 냄새가 너무 심해서 녀석과 가장 친한 조련사들이라 해도 방독면을 써야 한다.

우리들은 또 사자 조련사들이 뻘겋게 달군 부지깽이로 성난 동물들을 통제한다고 알고 있다. 하지만 비트가 말하길, 만약 자살하고 싶은 사람이 있다면 뻘겋게 달군 부지깽이에 데인 사자나 호랑이 우리에 들어가라고 한다. 그는 부엌 의자, 채찍, 그리고 공포탄으로 채운 권총 등 해롭지 않은 무기를 사용한다.

그를 짜증나게 만드는 한 가지는 '사자를 길들이는 사람'이라고 불리는 것이다. 그는 사자를 길들이는 사람이 아니라 훈련시키는 사람이다. 그는 자신의 사자와 호랑이들이 길들여 있지 않다고 말한다. 사실 그들은 지금도 예전에 아시아나 아프리카의 정글에서 포효했을 때만큼이나 야성이 살아 있다.

클라이드 비티는 길들여진 동물들, 즉 동물원에서 태어난 동물들을 다뤄본 적이 있는데, 그는 어느 경우에나 야생동물을 더 선호한다고 말한다. 길들여진 동물은 버릇없이 자란 아이들과 똑같다. 녀석들은 애지중지 귀여움만 받고 자라서 아무 일도 하지 않으려고 한다.

그가 가장 자주 받았던 질문은 호랑이와 사자가 싸우면 누가 죽느냐는 것이다. 솔직히 그도 알지 못한다. 그는 사자와 호랑이가 싸우는 우리 안에 수십 번 있어보았는데, 사자들은 항상 무리를 지어 덤비고 호랑이는 혼자 싸운다. 사자 한 마리가 싸움을 시작하면 주변에 있던 모든 사자들이 싸움을 도우려고 달려온다. 형제일 때 특히 그렇다. 사자들은 마치 소년들과 같아서 꼭 패거리를 이루어 싸움을 한다. 하지만 호랑이는 종족 의식이 없어서 다른 호랑이가 적에게 죽임을 당하는 동안에도 자신의 받침대 위에 앉아서 하품만 해댄다.

클라이드 비티가 빅 케이지 쇼에서 하는 가장 놀라운 묘기 중 하나는 곰에게 완벽한 재주넘기를 시키는 것이다. 이런 종류의 묘기로는 그가 전 세계에서 유일하다. 그는 우연히 이 묘기를 발견했다.

어느 날 비티가 곰 우리 안에 있을 때였다. 갑자기 곰이 이빨을 드러내고 발톱을 세우며 눈에 살기를 띤 채 그를 찢어발기기라도 할 듯 다가왔다. 녀석의 공격이 너무 갑작스럽고 맹렬해서 비티는 순간 번뜩 스치는 생각대로 몸을 움직였다. 그는 한발 뒤로 물러났다가 곰의 코에 주먹을 날렸다. 코를 맞는 것은 곰에게 가장 큰 고통이다. 비티의 주먹이 코에 닿자, 곰은 몸이 통째로 뒤집히며 완벽한 재주넘기를 했다. 이 사건으로 비티는 아이디어를 얻었던 것이다.

하지만 지금은 곰에게 재주넘기를 시키려면 녀석의 코를 채찍으로 살짝 건드리기만 하면 된다.

클라이드 비티는 밀림과 초원의 야생동물을 그 누구보다도 잘 알고 있다. 하지만 그가 가장 좋아하는 동물은 개라고 한다.

19

메이요 형제

마을 전체를 파괴한 재난과 정신 질환으로부터
세상을 구한 의사 메이요 형제

50년 전 토네이도가 미네소타 주의 한 마을을 파괴하지 않
았다면 의학 역사상 가장 위대한 발견 중 하나는 존재하지 않
았을지도 모른다.

토네이도가 강타한 마을은 로체스터였는데, 지금 이곳은 의
학 역사상 위대한 두 명의 외과 의사인 메이요 형제의 고향으
로 전 세계적으로 유명하다. 그들이 발견한 것은 정신병을 치
료하는 약이었다. 발작하는 정신박약자나 정신이상자의 몸에
이 약을 주입하면 혈액순환을 빠르게 도와주어 환자의 마음을
진정시켜주었다.

이 발견은 인류에게 무엇을 의미하는 것일까? 몇 가지 사실
을 말해줄 테니 스스로 알아내기 바란다.

미국의 병원에서 정신 질환으로 고통받는 환자는 다른 모든
질병을 합친 환자 수보다 많다. 오늘날 16명의 고등학생 중 한
명은 훗날 어른이 된 후 인생의 한 부분을 정신병원에서 보내

게 될 것이다. 만약 당신이 뉴욕에 거주하는 열다섯 살 소년이라면 일생 중에 7년을 정신병원에서 보낼 확률은 5퍼센트에 이른다. 지난 10년 동안 미국 내 정신 질환은 거의 두 배 가까이 증가했다. 만약 이 무시무시한 증가율이 한 세기 더 지속된다면, 미국 전체 인구의 절반은 정신병원에서 지내야 하고 나머지 절반은 병원 밖에서 세금으로 이들을 지원하기 위해 고생해야 할 것이다.

이 놀라운 치료약을 개발한 메이요 형제는 세상에서 가장 유명한 외과 의사들로 손꼽힌다. 파리, 런던, 베를린, 로마, 레닌그라드, 그리고 도쿄의 의사들이 메이요 형제에게 배우고 싶어 로체스터로 몰려들었다. 그리고 해마다 6만 명의 환자들이 죽음을 눈앞에 두고서 마지막 희망으로 메이요 클리닉을 성지순례 하듯 찾아온다.

거듭 말하는데, 만약 토네이도가 60년 전에 중서부 지역을 휩쓸지 않았더라면 우리는 메이요 형제나 미네소타 주의 로체스터 또는 정신병 치료제에 관한 이야기를 들을 수 없었을 것이다.

메이요 형제의 아버지인 메이요 박사가 80년 전 로체스터에 정착했을 때 그 지역의 주민은 겨우 2000명이었다. 그가 처음으로 진료한 환자 둘은 병든 소 한 마리와 말 한 마리였다.

인디언 전쟁이 발발했을 때, 메이요 박사는 그의 머스킷 총을 들고 인디언들을 쫓아냈다. 그리고 총격전의 연기가 사라진 뒤에는 전장을 돌면서 시체를 수습하고 부상자들을 치료했다. 미네소타 주의 사방 80킬로미터에 흩어져 있는 환자들이 그의 치료 대상이었다. 그들은 대부분 초원의 흙으로 만든 집에 살고 있었다. 진료비를 낼 형편이 안 되는 사람들이었지만, 선량한 메이요 박사는 그들의 통증과 고통을 줄여주기 위해 가끔 밤을 새워 왕진을 가기도 했다. 때로는 한낮인데도 한 치 앞이 안 보일 정도로 극심한 눈보라와 싸우며 그들을 치료하러 다녔다.

그에게는 아들이 둘 있었는데, 훗날 메이요 형제라고 불리며 세계적으로 유명해질 윌리엄과 찰스였다. 그들은 동네 약국에서 일하며 처방전을 작성하는 법과 알약을 가루 내는 법을 배웠고, 의과대학에도 진학했다. 그런데 그때 비극이 일어났다. 의학 역사에 큰 영향을 끼치게 될 비극이었다.

그 비극이란 바로 토네이도의 강한 회오리바람이 분노한 신처럼 미네소타 주의 초원 위를 휩쓸었던 것이다. 토네이도는 자신의 진로를 방해하는 모든 것을 폭발시키고 무너뜨리고 산산조각 냈다. 토네이도는 로체스터를 강타해 쑥대밭으로 만들어버렸다. 수백 명이 부상당했고 23명이 죽었다.

메이요 형제와 그들의 아버지는 며칠째 폐허 속에서 사람들의 상처에 붕대를 감아주고, 부러진 팔 다리를 맞춰주며 수술을 집도했다. 성 프란체스코 수녀원의 원장이던 알프레드 수녀는 그들의 헌신에 크게 감동받아서 만약 메이요 가족이 운영을 맡아준다면 병원을 지어주겠다고 제안했고, 그들은 그 제안을 받아들였다.

1889년 메이요 클리닉이 개원했을 때 메이요 박사는 70세의 노장이었고, 그의 두 아들은 병원에서 인턴으로 근무해본 적도 없는 초보였다. "우리는 풋내기 중에서도 가장 심한 풋내기였죠." 그들은 자신들을 스스로 이렇게 묘사했다.

하지만 형인 윌리엄 메이요는 암에 관한 한 세계 최고의 권위자가 되었다. 형제는 서로 상대방이 더 뛰어나다고 믿었으며, 둘 다 외과 의사 중에서 가장 깔끔한 수술을 집도하는 것으로 유명했다. 그들은 정확하고 신속하게 움직였으며, 그 신속함은 대부분의 외과 의사들을 놀라게 했다. 형제는 매일 아침 7시에 병원에 출근해서 4시간 동안 끊임없이 수술을 했다. 그들은 수년간 하루에 15~30건의 수술을 집도했다. 그럼에도 불구하고 두 사람 모두 자신들의 의술을 향상시키기 위해 계속 연구했고, 아직 배워야 할 게 많다는 점을 인정했다.

현재 로체스터 도시 전체는 메이요 클리닉에 의해, 메이요 클리닉을 위해 존재한다. 시내 전차는 금지되었고, 버스는 조용히 운행되며, 심지어 길가를 다니는 사람들도 소리를 낮춰 대화한다.

극빈자와 은행장, 농부와 영화배우 누구나 대기실에서 자신의 차례를 기다려야 하고, 모두가 동등한 대접을 받는다. 부자들은 자신의 재력에 따라 진료비를 내는데, 돈이 없다고 진료를 거절당한 사람은 단 한 명도 없다.

메이요 형제의 활동 중 3분의 1은 자선이다. 그들은 결코 진료비를 청구하지 않았고, 기록도 하지 않았으며, 진료비 납부를 위해 환자가 자기 집을 저당 잡히는 것을 원하지도 않았다.

그들은 환자가 진료 후 자신의 형편껏 내는 현금만 받고도 충분하다고 했으며, 절대 수술 전에 미리 그 금액을 낼 수 있는지 물어보지 않았다.

한 남자가 치료비를 내려고 자신의 농장을 저당 잡힌 일이 있었다. 이 사실을 알게 된 메이요 형제는 당장 환자의 수표를 되돌려주었다. 그리고 그들의 이름으로 수백 달러짜리 수표를 발행해 환자가 병상에 있는 동안 벌지 못한 손실까지 보상해주었다.

그들은 돈을 버는 데는 관심이 없던 작은 마을 소년들의 전형적인 본보기다. 하지만 그 점 때문에 오히려 돈은 엄청나게 쏟아져 들어왔다.

또한 그들은 명예에 관심이 없었다. 하지만 미국에서 가장 유명한 외과 의사가 되었다.

그들의 유일한 소망은 고통받는 인류에게 도움이 되는 것이었다. 대기실 책상 위에 걸려 있는 액자에는 그들의 성공에 대한 영원한 진리를 알려주는 글이 적혀 있다.

"세상이 원하는 일을 하라. 그러면 숲 속 한가운데 있어도 집 앞에 이르는 길이 펼쳐질 것이다."

20

레오 톨스토이

자신이 쓴 세계의 걸작 두 편을 부끄러워한 위대한 작가

여기 《아라비안나이트》에 나오는 이야기만큼이나 믿기 어려운 인생 이야기가 있다. 이 이야기는 우리 시대, 정확히 말하면 1910년에 사망한 한 선도자의 이야기다.

그는 죽기 전까지 20년에 걸쳐 많은 사람들의 존경을 받았다. 그의 얼굴을 보고 목소리를 듣거나 옷자락이라도 만져보고 싶어 그의 집을 찾는 숭배자들의 행렬이 끊이지 않았다.

친구들은 그의 집에 한번 오면 몇 년씩 함께 살면서 그가 잡담을 할 때조차 그 말들을 속기로 받아 적었으며, 그의 일상생활에서 가장 사소한 행동까지도 상세하게 묘사했다. 이 기록들은 훗날 방대한 시리즈의 책으로 출판되었다.

거의 2만 3000권의 책(2300권이 아니라 2만 3000권이다)과 5만 6000여 개의 신문과 잡지 기사에 이 인물과 그의 사상에 관한 글이 실렸다. 그가 직접 저술한 책은 100권에 달하는데, 그 누구보다도 많이 쓴 방대한 양이다. 그의 인생 이야기는 그가 쓴

몇몇 소설만큼이나 파란만장했다. 그는 방이 42개나 있는 대저택의 부유한 환경에서 태어났고, 옛 러시아 귀족의 호화로움 속에서 자랐다. 하지만 말년에 그는 자신의 모든 땅과 재산을 기부했고, 러시아의 한적한 철도역에서 농부들에게 둘러싸여 돈 한 푼 없는 몸으로 외롭게 생을 마쳤다.

젊은 시절의 그는 고상한 척 거드름을 피우며 걸었고, 모스크바의 양복점에서 상당히 많은 돈을 들여 옷을 구입하던 속물이었다. 하지만 인생 후반기에는 러시아 농부처럼 거칠고 투박한 옷을 입고, 신발을 직접 만들어 신었으며, 손수 잠자리를 정리하고 방 청소를 하며, 소박한 식탁에서 나무 그릇과 숟가락으로 간소한 식사를 했다.

젊은 시절 그는 자신이 표현한 대로 '더럽고 타락한 삶'을 살면서 술에 취하고 결투를 하고 감옥에도 갔으며, 심지어 살인을 포함해서 상상할 수 있는 모든 죄를 저질렀다. 하지만 말년에 그는 진실로 예수님의 가르침을 따르려고 노력했고, 신성한 러시아에 가장 성스러운 영향을 준 인물이 되었다.

결혼 생활 초반에 그와 아내는 무척 행복해서 실제로 무릎을 꿇고 전능하신 신께 그들의 신성한 은총과 황홀한 행복이 영원하기를 기도드렸다. 하지만 이후 그들은 너무나도 불행해졌다. 마침내 그는 아내를 보기만 해도 혐오하게 되었고, 죽기 전 그의 마지막 부탁은 아내가 자신의 근처에도 오지 못하게 해달라는 것이었다.

젊은 시절에 그가 대학 시험에 떨어졌을 때, 그의 개인 교사들은 그의 둔한 머릿속에 뭔가를 집어넣는다는 것은 말이 안 된다고 체념했다. 하지만 30년이 지난 후 그는 세상에서 가장 위대한 두 권의 소설을 썼다. 세기에 걸쳐 영원히 기억될 그 두 권의 소설은 바로 《전쟁과 평화》와 《안나 카레리나》였다.

오늘날 톨스토이는 이 소설들을 통해 전 세계 사람들에게 음울하고 피비린내 나는 러시아 제국을 통치했던 황제들보다 더 많이 알려져 있다. 하지만 이 위대한 소설들이 그를 행복하게 해줬을까? 잠시 동안은 그랬다. 하지만 그 후 그는 이 소설들을 아주 부끄러워하게 되었고, 남은 생을 소책자를 쓰며 평화와 사랑, 그리고 빈곤 철폐를 전파하는 데 바쳤다. 이 소책자들은 염가판으로 출판되어 수레에 실려 집집마다 판매되었는데, 4년 만에 1200만 부나 배포되었다.

몇 해 전에 나는 영광스럽게도 파리에서 톨스토이의 막내딸을 만나게 되었다. 그녀는 톨스토이의 말년 동안 그의 비서가 되어주었고, 그가 죽을 때 곁에 있었다. 나는 톨스토이에 관한 많은 이야기들을 그녀의 입을 통해 직접 듣게 되었다. 그 이후 그녀는 자신의 아버지에 대한 책 《톨스토이의 비극》을 펴냈다.

톨스토이의 삶은 정말 비극이었고, 그 비극의 원인은 그의 결혼이었다. 그의 아내는 사치를 좋아했지만, 그는 사치를 경멸했다. 그녀는 사회적 명성과 찬사를 열망했지만, 이런 하찮은 것들이 그에겐 아무런 의미가 없었다. 그녀는 돈과 재물을 갈망했지만, 그는 부와 사유재산은 죄악이라고 믿었다. 그녀는 힘에 의한 지배를 옳다고 믿었고, 그는 사랑에 의한 지배를 신봉했다.

　설상가상으로 그녀는 격렬하게 불타는 질투심에 사로잡혀 있었다. 그녀는 남편의 친구들을 싫어했고, 심지어 자신의 딸까지 집에서 쫓아내고는 톨스토이의 방으로 뛰어 들어가 딸의 초상화에 공기총을 쏘았다.

　오랜 세월 아내는 바가지를 긁고 야단치고 악을 써가며 그를 학대했다. 그리고 그가 러시아 사람들에게 자신의 책을 저작권료 없이 무료로 출판할 수 있는 권리를 주겠다고 고집하자 집안을 생지옥으로 만들었다.

　남편의 견해가 자신과 다를 때면 그녀는 히스테리 발작을 일으켰고, 다량의 아편을 피우며 바닥을 뒹굴었으며, 자살해버리겠다고 협박하거나 우물에 뛰어들겠다고 위협했다.

　톨스토이 부부의 결혼 생활은 거의 50년간 지속되었다. 가끔 그녀는 남편 앞에서 무릎을 꿇고 앉아 아름답고 애절한 사랑의 글귀들을 읽어달라고 애원했다. 그 글귀들은 그들이 서로 미친 듯이 사랑했던 48년 전에 남편이 일기장에 썼던 것이었다. 이제는 영원히 떠나버린 그 아름답고 행복했던 시절에 썼던 그 글을 읽는 동안 두 사람은 하염없이 눈물을 흘렸다.

　톨스토이가 82세가 되던 해, 마침내 그는 더 이상 이렇게는 살 수 없다고 생각했다. 그래서 1910년 10월 21일 밤, 그는 부인으로부터 도망쳐 자신이 어디로 가는지도 모른 채 춥고 어두운 곳으로 떠나버렸다.

　열하루가 지난 뒤 그는 "신께서 다 조율해주실 것이다"라고 말하며 철도 역사(驛舍)에서 폐렴으로 죽었다. 그의 마지막 말은 이랬다. "진리를 추구하라. 항상 진리를 추구하라."

21

존 피어폰트 모건

총과 폭탄에도 꿈적하지 않은
월스트리트의 거물

금융계에서 가장 영향력 있는 인물은 아마 월스트리트의 독
재자이자 유가증권계의 거물인 존 피어폰트 모건일 것이다.

하지만 한 인간으로서 그에 관해 알려진 바는 전혀 없다. 신
비에 싸인 남자라고 불리는 게 과언이 아닐 정도로 그는 언론
의 관심을 피했고, 사진사는 거의 병적으로 싫어했다.

화가 나면 그는 무분별하게 직설적이었다. 사실 그는 매우
거침없이 말하는 편이라 가끔 '미국에서 가장 외교 수완이 없
는 사람'이라고 불렸다.

180센티미터의 큰 키에 90킬로그램의 거구였던 그는 두려
울 게 전혀 없었다. 어느 날, 한 정신병자가 모건의 집에 들어와
총을 꺼내 들고 쏘겠다고 위협한 적이 있었다. 모건은 가까운
문을 통해 재빨리 피할 수도 있었지만 그렇게 하지 않았다. 대
신 그는 번뜩이는 총을 향해 똑바로 걸어갔다. 곧 폭발하는 듯
한 날카로운 소리가 나고 모건은 휘청거렸다. 총알이 그의 복

부에 박힌 것이다. 그는 비틀거렸지만 계속 다가가 그 정신병자를 덮치고 손에 든 총을 잡아챘다. 그 후 모건은 의식을 잃고 바닥에 쓰러져 급히 병원으로 옮겨졌고, 간발의 차로 목숨을 건졌다.

보통 사람이 월스트리트 23번지에 있는, 금융 왕인 그의 사무실에 접근하는 것은 거의 불가능한 일이다. 대형 금융 거래의 요새라 할 수 있는 그 사무실은 작고 낮아서 사람들에게는 간단히 '구석(The Corner)'이라고 불린다. 관광 안내원들은 관광객들에게 건물 벽면에 보이는 파편 자국에 대해 빠뜨리지 않고 설명해준다. 그 자국은 1916년의 끔찍했던 참사를 상기시켜주는 유일한 흔적이었다. 당시 그 사건으로 40명의 사람들이 목숨을 잃었고, 200명 이상이 부상을 당했으며, 200만 달러의 재산 손실을 입었다.

사건은 정확하게 낮 12시 1분에 발생했다. 행복하고 근심 걱정 없어 보이는 사람들이 건물의 수많은 사무실에서 쏟아져 나왔고, 어느 누구도 모건 요새의 맞은편에 서 있던 늙은 말과 마차에는 관심을 주지 않았다.

그런데 갑자기 한 무리의 눈부신 황록색 빛이 번쩍였다. 곧이어 고층 건물들의 밑바닥까지 뒤흔드는 엄청난 폭발이 일어났다. 50킬로그램의 T.N.T.로 가득 찬 폭탄이 폭발한 것이다. 치명적인 폭탄 파편들은 빗발처럼 거리에 휘몰아쳤고, 수많은 창문이 산산조각 났으며, 깨진 유리조각들은 폭풍우처럼 포효하며 인도 위로 쏟아졌다. 지상 12층에 있는 차양들도 화염에 휩싸였다. 인도에서 6~9미터 위에 있는 유리창에서는 팔과 다리, 심지어 사람 머리까지 튀어나왔다. 팔다리가 잘려나가고, 피를 흘리며 죽어가는 사람들이 비명을 지르며 거리를 달리다가 죽음으로 곤두박질할 뿐이었다.

소방차의 사이렌 소리와 구급차의 절규가 극심한 공포와 두려움을 한층 더해주었다. 혼란이 정리되었을 때 폭탄을 실었던 말과 마차가 남긴 거라고는 바퀴 파편, 말굽 두 개, 너트와 볼트 몇 개뿐이었다.

하지만 이 사건의 표적이었던 모건은 그때 유럽에 머물고 있었다. 그는 어떤 대가를 치르더라도 이토록 악랄한 짓을 저지른 범인을 잡겠다고 결심하고 5만 달러의 현상금을 내걸었다.

뉴욕 경찰과 연방수사국, 비밀경찰, 그리고 사립 탐정들이 역사상 가장 광범위한 인간 사냥을 시작했다. 수색은 지구상 모든 곳으로 이어졌다. 출항하는 선박들과 캐나다와 멕시코의 국경 지대도 감시했다. 뉴욕과 시카고, 그리고 다른 10여 곳 도시들의 암흑가까지 단서를 찾기 위해 이 잡듯 샅샅이 뒤졌다. 수색을 위해 막대한 비용이 들었지만 결국은 아무런 소득 없이 끝나고 말았다.

이후 모건 사무실 앞에는 두 명의 무장 경관이 24시간 보초를 섰고, 사무실 건물의 낮은 지붕에는 근처의 고층 건물에서 날아올지 모르는 폭탄을 막기 위해 육중한 철로 만든 장막을 씌웠다. 그 견고하고 수수한 건물의 내부에는 학교 교실처럼 책상들이 두 줄로 잇달아 놓여 있었다. 이 책상에서 모건의 동료 18명이 함께 일했고, 모건은 그들의 바로 뒤에서 시험 시간에 교실을 감독하는 교사처럼 앉아 있었다.

세계 역사상 그 어떤 민간 금융 회사도 국가가 당면한 심각한 문제들을 해결하기 위해 그토록 중요한 역할을 하지 못했다. 플로렌스의 메디치 가문이나 유럽의 로스차일드 가문도 그처럼 대단한 영광을 누리지는 못했다. 로스차일드 가문은 나폴레옹으로부터 유럽을 구했지만, 모건은 제1차 세계대전에서 연합군을 승리로 이끄는 데 그 어떤 은행보다 많은 지원을 해주었다. 1915년에 모건의 회사는 꿈도 꾸지 못할 만큼 막대한 규모의 돈을 외국에 빌려주었다. 그 결과 상상을 초월하는, 5억 달러라는 금액이 전쟁 자금으로 바다를 건너갔다. 모건의 회사는 전체 연합군을 위해 미국 측 구매 대리인이 되어 수천억 달러의 무기와 보급품을 구입함으로써 한 달 동안 같은 기간에 전 세계에서 사용되는 통화량보다 더 큰 액수의 돈을 썼다.

J. P. 모건은 뉴욕의 소음과 매연 속에 있는 것만큼이나 런던의 짙은 안개 속에서도 친근함을 느꼈다. 그는 아버지가 살아 계실 때는 몇 년간 모건 사의 영국 지사장으로 있었고, 월스트리트로 돌아왔을 때는 오후에 차를 마시는 영국의 전통을 들여왔다.

런던의 그로스브너 광장에 있던 그의 집에는 일하는 사람들이 항상 대기하고 있었다. 그래서 그가 아무 때나, 심지어 몇 달간 집을 떠나 있다가 들러도 금세 식사가 준비되었고, 굴뚝 위로 연기가 피어올랐으며, 잠자리는 잘 정리되어 있었다.

그는 미국 성공회의 가장 큰 기둥이었지만, 로마에 있는 교황 피우스 11세와 정기적으로 서신을 주고받았다. 그가 바티칸을 방문할 때면 몇 시간 동안 교황과 마주 앉아서 토론을 했는데 주제는 무엇이었을까? 바로 이집트의 중세 언어인 콥트어로 쓰인 진기한 사본에 관해서였다.

모건의 전용 도서관에는 콜럼버스가 미국을 발견하기 500년 전 고승들에 의해 기록된 채색 사본들이 많이 소장되어 있다. 그는 값을 따질 수 없을 만큼 귀한 셰익스피어의 2절판 책과 구텐베르크 성경 사본 한 권을 소유하고 있었다. 그 《성경》한 권만 해도 20만 달러의 가치는 될 것이다.

J. P. 모건은 셰익스피어와 《성경》에 관한 해박한 지식으로도 유명했다. 하지만 당신이나 나처럼 편안히 앉아서 명작 추리소설을 읽는 것도 즐겼다.

'기품 있는 모건'으로 알려졌던 그의 아버지처럼 그도 예술 작품에 뛰어난 감정가였다. 그는 그림과 조각, 벽걸이 융단, 도자기, 보석 등을 구입하는 데 셀 수 없을 만큼 많은 돈을 썼다. 그리고 그가 자신의 진귀한 그림 일부를 팔 때면 그 기사가 뉴욕의 모든 신문 1면에 헤드라인으로 실렸다.

해마다 크리스마스이브가 되면 모건의 도서관에서는 특이한 행사가 열렸다. 자녀와 손자, 그리고 절친한 친구 몇 명이 모여 《크리스마스 캐럴》의 스크루지 이야기를 귀 기울여 듣는 것이다. 그 이야기는 인쇄된 책이 아닌, 디킨스가 직접 손으로 쓴 원본으로 낭송되었다.

엄청난 재산가였음에도 불구하고 모건은 아주 소박한 것에서 많은 즐거움을 느꼈다. 예를 들면 그는 낡은 모자와 외투를 걸치고 빗속을 걸어 다니는 것을 좋아했다.

그는 아내를 무척 사랑했다. 1925년 그녀가 세상을 떠난 후에도 그녀의 방을 살아 있던 때와 똑같이 놔두도록 했다. 아내는 수면병이라고 알려진 희귀병으로 쓰러졌는데, 모건의 전 재산도 그가 사랑했던 여인의 목숨을 구할 수는 없었다.

22

에반젤린 부스

수천 명의 남자에게 받은 청혼을 거절하고
거세게 날뛰는 말 위에 올라탄 구세군 사령관

　내가 아는 가장 멋진 여성은 수많은 남성으로부터 청혼을 받았다.

　그녀는 백만장자부터 어부나 농부, 그리고 바워리 거리의 무일푼인 남자에 이르기까지 자신이 받은 모든 청혼을 거절했다. 유럽에서 가장 저명한 왕가의 한 왕자가 수개월간 그녀를 쫓아다니며 자기와 결혼해달라고 애원하기도 했다. 심지어 나이가 70세가 지났을 때도 여전히 너무 많은 청혼 편지들이 들어와 그녀의 비서는 그 편지들을 그녀에게 보여줄 엄두도 내지 못했다.

　그녀의 이름은 에반젤린 부스다. 그녀는 1939년 은퇴할 때까지 역사상 가장 당당하고 단 한 번도 적을 공격한 적 없는 군대인 구세군의 총사령관이었다. 구세군은 3만여 명의 장교들이 86개국의 굶주린 사람들에게 먹을 것을 주고, 80여 개의 다양한 언어로 사랑을 전파하는 군대였다.

처음 에반젤린 부스를 만났을 때 나는 약간 충격을 받았다. 그녀의 나이는 할머니라 불릴 만큼 많았음에도 암적색 머리카락에는 흰머리가 겨우 몇 가닥 보이기 시작할 뿐이었다. 그리고 얼굴은 생기로 반짝이고 열정으로 불타오르고 있었다.

인생은 마흔부터 시작된다는 말은 하지도 마라! 만약 남자 두 명이 붙잡아야 할 정도로 거칠게 날뛰는 말 위에 그녀가 올라타는 모습을 보았다면 당신은 인생은 칠십부터라고 믿게 될 것이다.

에반젤린 부스는 그 말을 저렴하게 구입했다. 말의 주인이 그 말을 타는 것을 두려워했기 때문이다. 말의 이름은 골든 하트였는데, 그녀가 골든 하트에 올라타고서 "가자!" 하고 외치면 골든 하트는 껑충 뛰어오르며 앞으로 뒤로 옆으로, 그녀가 진정시키기 전까지 사방으로 요동쳤다. 그녀는 매일 아침마다 한 시간씩 말을 탔는데, 가끔씩 한 손에는 고삐를, 다른 손에는 연설문을 들고서 숲 속을 질주하면서 연설 준비를 하기도 했다.

매년 여름, 그녀가 미국에 있을 때는 조지 호수로 가서 잭나이프 다이빙, 터틀백 다이빙, 스완 다이빙 등 환상적인 다이빙을 선보였다. 63세가 되었을 때는 4시간 만에 조지 호수를 헤엄쳐 건너기도 했다.

그녀는 매일 밤 침대 옆에 메모장을 놓고 잠들었다가 종종 한밤중에 잠에서 깨면 뭔가를 적었다. 잠이 오지 않던 어느 날 밤은 새벽 3시에 일어나 노래를 작사하고 작곡도 했다.

에반젤린 부스는 자신의 인생에서 가장 흥분되었던 경험은 유콘 지역에 골드러시가 한창일 때였다고 한다. 당신도 어쩌면 기억해낼지 모르겠다. 세기가 바뀌기 전인 1800년대 말, 알래스카에서 금이 발견되었고 그 소식으로 나라 전체가 흥분했다.

수많은 사람들이 머나 먼 북쪽으로 부랴부랴 길을 떠나기 시작했고, 에반젤린 부스는 유콘 지역에 구세군이 필요하리라는 것을 알았다. 그래서 훈련된 간호사 두 명과 서너 명의 간호조무사를 데리고 유콘을 향해 떠났다. 그녀가 유콘 근처의 스캐그웨이에 도착했을 때, 달걀은 한 개에 25센트였고 버터는 450그램에 3달러였다. 몇몇 사람들은 굶주렸지만 모두 총을 갖고 있었다.

그녀는 사람들이 클론다이크(캐나다 서북쪽 끝 유콘 강의 지류인 클론다이크 강의 기슭에 있는 지방으로, 세계적인 사금 생산지다—옮긴이)의 살인마이자 유콘의 딜린저(미국의 악명 높은 은행 강도이며 살인자—옮긴이)라 불리는 '소피' 스미스에 대해 수군대는 소리를 들었다. '소피' 스미스와 그의 일당이 금광에서 돌아오는 광부들을 기다렸다가 경고도 없이 총을 쏘아 넘어뜨리고 그들의 사금을 강탈한다는 것이다. 미국 정부는 그를 죽이려고 무장한 범인 추적대를 보냈지만, '소피' 스미스는 그들 모두를 죽이고 달아났다.

스캐그웨이는 가혹한 곳이었다. 에반젤린 부스가 도착하던 날에도 다섯 명이나 살해당했다.

그날 밤 그녀는 유콘 강독에서 모임을 열었다. 그 모임에서 그녀는 2만 5000명의 외로운 남자들에게 설교를 했으며, 그들 모두에게 오래전에 자신들의 어머니가 부르던 〈예수, 내 영혼의 연인〉, 〈내 주를 가까이하게 함은〉, 〈즐거운 나의 집〉 등의 노래를 부르게 했다.

북극의 밤은 축축하고 서늘했기 때문에 그녀가 노래하는 동안 한 남자가 담요를 가져와 덮어주었다.

엄청난 수의 남자들이 새벽 1시까지 노래를 불렀다. 그 후 에반젤린과 동료들은 소나무 아래에서 잠을 자려고 숲으로 갔다. 그들이 불을 지피고 코코아 몇 잔을 준비하고 있을 때, 남자 다섯 명이 총을 들고 다가오는 것이 보였다. 대화하기에 적당한 거리가 되자, 대장으로 보이는 남자가 모자를 벗으며 말했다. "나는 '소피' 스미스요. 당신 노래를 잘 들었다는 인사를 하고 싶어서 왔소." 그리고 그는 덧붙여 말했다. "당신이 노래 부를 때 담요를 가져다준 것도 나였소. 원한다면 가져도 좋소."

지금은 담요가 선물이라고 할 만큼 대단하다고 생각되지 않지만, 추위와 습기로 사람들이 죽어가는 그 지역에서는 굉장히 귀한 선물이었다.

그녀는 그에게 스캐그웨이에 머무는 동안 자신이 위험에 처하게 될지 물었고, 그는 이렇게 대답했다. "아니오. 내가 여기 있는 동안 그럴 일은 없소. 내가 당신을 지켜주겠소."

그녀는 한밤중에도 해가 떠 있는 백야의 숲 속에서 세 시간 동안 그와 이야기를 나누었다. "제가 새 삶을 드릴 테니 받으세요. 당신이 하는 일은 옳지 않을뿐더러 당신은 그들을 이길 수 없어요. 머지않아 그들이 당신을 죽일 거예요." 그녀는 그의 유년 시절과 그의 어머니에 대해 물어보았고, 그는 자신이 할머니와 함께 구세군 모임에 가서 손뼉을 치며 노래하곤 했다고 말해주었다. 또 할머니가 병상에 누워 돌아가실 때 그에게 구세군 모임에서 함께 배웠던 노래를 불러달라고 부탁하셨던 일도 고백했다.

주께서 나와 함께하시니
나의 마음은 눈보다 더 희다네.
내가 아는 나의 많은 죄는
다 용서받고 깨끗해졌다네.

그녀는 그에게 함께 무릎을 꿇자고 했고, 북쪽 지역을 공포에 몰아넣었던 가장 악명 높은 강도인 '소피' 스미스는 북부의 소나무 숲 아래서 구세군 여인과 함께 무릎을 꿇고 기도하며 울었다. 양쪽 뺨 가득 눈물을 흘리면서 '소피'는 그녀에게 더 이상 사람을 죽이지 않고 자수하겠다며 약속했고, 부스는 자신이 가진 모든 영향력을 동원해 그가 가벼운 형을 받게 해주겠다고 약속했다. 새벽 4시에 그는 그곳을 떠났다.

오전 9시에 그는 부하 중 한 명을 보내 그녀에게 갓 구운 빵과 잼 파이, 그리고 약간의 버터를 선물했다. 그곳에서는 값을 매길 수 없는 산해진미였다. 그는 사람들을 총으로 위협해 밀가루와 버터를 훔쳤고, 그에게 잡힌 스캐그웨이의 운 나쁜 여성을 시켜 사랑과 순결, 용서를 전하기 위해 알래스카에 온 훌륭한 여성인 부스를 위해 특별히 빵과 잼 파이를 만들도록 했다.

이틀 후 누군가 '소피' 스미스를 쏘았고, 스캐그웨이에는 그를 죽인 사람을 표창하기 위한 기념비가 세워졌다.

에반젤린 부스는 내가 만난 사람 중 가장 행복한 사람이었다. 그녀는 다른 사람들을 도우며 살았기 때문이다. 그녀는 자기 인생의 가장 큰 열정은 자신이 만났던 모든 사람들, 설령 웨이트리스나 짐꾼이라 할지라도 그들이 좀 더 행복하게 살 수 있도록 돕는 것이라고 했다. 그녀 자신도 누군가의 도움으로 행복해졌기 때문이다.

23

빌리 선데이

수많은 영혼을 구원의 길로 이끈
야구 선수 출신의 목사

기독교 강단 역사상 가장 인기 있는 설교자는 전 야구 선수
이자 알코올 중독자였던 빌리 선데이다.

미국 전체 인구의 3분의 2인 8000만 명의 사람들이 원죄와
구원에 대한, 그의 거칠지만 심금을 울리는 설교를 들으려고 떼
지어 몰려들었다. 그의 가장 큰 자랑거리는 35년 동안 악마를
비판하면서 100만 명 이상의 영혼을 회개시켜 빛으로 전도했다
는 것과 금주법을 시행하는 데 가장 큰 영향을 끼쳤다는 것이다.

나는 빌리 선데이를 몇 차례 만났다. 그는 불타는 인간 발전
기라 해도 과언이 아니었다. 나는 그가 자신의 가슴을 쿵쿵 치
며 외투, 와이셔츠, 넥타이까지 벗어던지고 의자 위에 뛰어올
라 한쪽 발을 강단에 대고 서 있다가 야구 선수가 홈 플레이트
로 미끄러져 들어오듯 바닥으로 몸을 던지는 모습을 보았다.
그의 설교를 들으며 조는 사람은 한 명도 없었다. 그의 설교는
서커스처럼 재미있었다. 그는 격렬하게 설교를 했기 때문에 트

레이너를 데리고 다니면서 매일 마사지를 받을 정도였다.

피츠버그에서 8주 동안 설교했을 때, 신문들은 매일 그의 집회 소식을 헤드라인으로 요란하게 내보냈다. 도시 전체는 흥분에 휩싸였다. 대형 백화점들은 직원들을 집회에 보내 그의 설교를 듣게 했고, 공장 아가씨들도 떼 지어 정오 집회에 참석했다. 어느 날은 10명의 경찰관이 1만 5000명의 청중들 앞으로 걸어 나가 자신들은 주님의 길을 따르겠다고 선언하기도 했다.

대부분의 전도사와 달리 빌리 선데이는 주로 남성들에게 더 절절히 호소했다. 그는 이렇게 말하곤 했다. "저는 촌뜨기 중의 촌뜨기입니다. 저에겐 아직도 농장 마당의 냄새가 납니다. 저는 머리에 거위 기름을 바르고 난로의 숯 검댕으로 구두에 검정 칠을 합니다. 또 마대 자루 수건으로 제 큰 코를 닦지요. 커피 받침에 커피를 타서 마시고, 칼로 음식을 찍어 먹기도 합니다. 저는 '했다'라는 말과 '해냈다'라는 말을 혼동하고, '본 적이 있어'라고 말해야 할 때 '본 적이 있었었어'라고 잘못 말합니다. 천국에 갈 때도 이런 식일 겁니다."

그는 아이오와 주의 통나무집에서 태어나 고아원에서 자랐다. 열다섯 살이 되었을 때, 그는 한 학교의 수위로 취직했다. 덕분에 한 달에 25달러를 벌게 되었고, 교육을 받을 기회도 얻었다. 그는 새벽 2시에 일어나 14개의 난로에 석탄을 나르고, 낮 동안 난로의 불이 꺼지지 않게 지켰으며, 마루를 쓸고 닦은 다음에야 공부를 시작했다.

그의 제대로 된 첫 번째 직업은 아이오와 주의 마셜타운에 있는 한 장의사의 조수 자리였다. 그 일을 계속하면서 그는 야구 선수로서 자신의 이름을 알리기 시작했다.

그는 베이스 사이를 무척 빠르게 달렸는데, 이를 본 시카고 화이트 삭스 팀의 감독인 팝 앤슨이 그를 스카우트했다. 그리고 스물한 살이 되기 전에 그는 빅 리그의 인기 선수가 되었다. 그는 이렇게 말하곤 했다. "저는 14초 안에 네 개의 베이스를 다 돌 수 있었습니다. 어느 누구도 깨지 못한 기록이지요."

장의사 조수를 그만둔 지 5년이 지났을 때, 그를 술고래 야구 선수에서 존 웨슬리 이후 가장 매력적인 설교자로 변화시킨, 하나님의 계시와도 같은 사건이 일어났다. 그는 그 일에 대해 이렇게 이야기했다.

"1887년 어느 날, 저는 유명한 야구 선수 몇 명과 함께 시카고 거리를 걷다가 어느 술집에 들어갔어요. 일요일 오후였는데, 우리는 만취해서 밖으로 나와 길모퉁이에 앉았지요. 길 건너에서는 한 무리의 남녀가 호른과 플루트, 트롬본으로 연주를 하고 있었어요. 나머지 사람들은 복음성가를 부르고 있었는데, 그 노래는 제가 아이오와의 통나무집에서 자랄 때 어머니가 자주 불러주시던 노래였습니다. 저는 그들의 성가를 들으며 계속 흐느껴 울었습니다. 그때 한 청년이 다가와 말했습니다. '저희는 퍼시픽 가든 선교회로 가려고 하는데 함께 가지 않으시겠어요? 당신도 분명 좋아하실 거예요. 거기서 알코올 중독자들과 거리의 아가씨들이 어떻게 구원받았는지 간증하는 걸 듣게 될 겁니다.'

저는 자리에서 일어나 동료들에게 말했습니다. '이제 야구는 그만둘래. 예수님께 가야겠어. 이제 우리는 그만 헤어질 때가 되었군.' 그리고 저는 그들에게서 등을 돌렸습니다. 그들 중 몇몇은 저를 비웃거나 조롱했을 뿐 격려해준 사람은 아무도 없었습니다."

이렇게 그는 자신의 회심에 대해 설명했다.

종교에 회의적이고 냉소적인 이들은 빌리 선데이가 단지 돈을 위해서 종교에 굶주린 사람들을 이용한다고 비난했다. 하지만 사실 그는 한 달에 500달러나 받을 수 있는 야구 선수를 포기하고 85달러를 받으며 YMCA에서 일했다. 그나마 6개월간은 급여를 받지 못한 적도 있었다.

나는 빌리 선데이가 1917년 뉴욕을 방문했던 당시를 기억한다. 허드슨의 바빌론이라 불리는 타락한 도시가 종교적인 흥분으로 그토록 열광적이었던 것은 처음 있는 일이었다. 그가 온다는 소식은 몇 개월 전에 이미 알려졌고, 그의 방문을 준비하기 위해 최소 2만 명이 모인 기도회가 열렸다. 168번가와 브로드웨이에서는 400명의 일꾼들이 2만 명을 수용할 수 있는 천막을 설치해야 했고, 그 유명한 톱밥의 길(신앙 부흥을 위한 전도집회의 여정, 갱생의 길을 뜻함—옮긴이)을 재현하기 위해 네 대의 화물차를 꽉 채운 톱밥이 바닥에 뿌려졌다. 연단 위에는 성가대를 위한 의자가 2000개 놓였고, 2000명의 자원봉사자들은 700명씩 교대로 일하며 신도들에게 길을 안내해주었다.

빌리 선데이는 뉴욕에 머무는 동안 125만 명에게 설교했으며, 10만 명에 가까운 죄인들이 앞으로 나와 악의 길을 따르지 않겠다고 맹세했다.

24

시어도어 루스벨트

가슴에 총을 맞고서도 계속 연설한 대통령

1919년 1월, 나에겐 결코 잊혀지지 않을 사건이 일어났다. 그 당시 나는 롱 아일랜드의 캠프 업톤에서 군 복무 중이었다.

어느 날 오후, 병사 한 무리가 언덕 위로 행진하더니 허공을 향해 장총을 겨누고 예포를 쏘았다. 루스벨트 대통령이 서거한 것이다. 그는 여러 방면에서 눈에 띄는 업적을 세우며 누구보다 강력한 권한을 행사했던 미국의 대통령이었다. 하지만 비교적 젊은 나이로 세상을 떠났다.

루스벨트에게는 기이한 점이 많았다. 예를 들면 그는 안경 없이는 3미터 앞에 있는 제일 친한 친구도 못 알아볼 정도로 심한 근시였다. 하지만 소총 사격의 명수가 되어 아프리카에서 돌격하는 사자를 명중시켰다. 또한 그는 역대 가장 유명한 맹수 사냥꾼이었지만, 한 번도 낚시를 하거나 새를 향해 총을 쏜 적이 없다.

소년 시절의 그는 창백하고 병약했으며 천식으로 고생했다.

그래서 건강을 회복하기 위해 서부로 떠나 카우보이가 되었고, 별빛 아래 야영을 하며 당시 챔피언이던 마이크 도노반과 권투를 할 수 있을 만큼 체력을 단련했다.

그는 남아메리카의 황무지를 탐험했고, 융프라우와 마터호른 등의 산을 등반했으며, 미국 스페인 전쟁 때는 빗발치는 총알의 위협에 맞서 자원병 연대를 이끌고 쿠바의 산후안 언덕을 오른 적도 있었다.

루스벨트는 자서전에서 어린 시절의 그는 겁이 많고 소심하며 다치는 것을 두려워했다고 밝혔다. 하지만 그는 손목과 팔, 코와 갈비뼈, 그리고 어깨가 부러지는 사고를 겪으면서도 모험을 계속했다. 그가 다코타에서 카우보이로 일할 때는 말에서 떨어져 뼈가 부러졌는데도 다시 안장 위에 올라타서 계속 소떼를 몰았다.

그는 시도하기에 두려운 일을 무서워하면서도 한편으로는 용감한 척 해나감으로써 용기를 키웠다. 그리고 마침내 그는 울부짖는 사자나 불덩이를 내뿜는 대포도 두려워하지 않을 정도로 담대해졌다.

1912년 불 무스(Bull Moose, 루스벨트가 공화당 경선에서 패한 뒤 독자적으로 만든 당의 이름―옮긴이) 캠페인 기간에 어떤 반미치광이 남자가 연설을 하러 가던 루스벨트의 가슴에 총을 쏘았다. 하지만 그는 자신이 총에 맞았음을 어느 누구에게도 알리지 않았다. 그러고는 곧장 강당으로 들어가 연설을 시작했고, 과다 출혈로 의식을 잃고 쓰러질 때까지 멈추지 않았다. 결국 그는 긴급히 병원으로 이송되었다.

백악관에서 지낼 때 그는 베개 옆에 장전된 연발 권총을 두었으며, 산책을 나갈 때는 항상 작은 권총을 가지고 다녔다.

대통령 시절 그는 한 육군 장교와 권투 시합을 한 적이 있었다. 그런데 장교가 그의 왼쪽 눈을 정면으로 가격해서 혈관이 터졌고, 그 바람에 시력이 영구적으로 손상되었다. 하지만 루스벨트는 그 젊은 장교가 그 일을 모르게 하고 싶었다. 그래서 장교가 다시 권투를 하자고 할 때마다 그냥 싫다고 거절했고, 장교는 대통령이 권투를 하기엔 너무 나이가 들었나 보다고 생각했다. 몇 년 후 그의 왼쪽 눈은 완전히 시력을 잃었지만, 그는 끝까지 장교가 그 사실을 모르게 했다.

그는 오이스터 해안에 있는 자신의 별장에서 사용하는 모든 장작들을 직접 팼으며, 농장 인부들과 함께 들판에 건초를 쌓았다. 그리고 정원사에게 자신도 다른 인부들처럼 수고비를 달라고 요구했다.

그는 결코 담배를 피우지 않았고 욕도 하지 않았다. 드물게 밤에 밀크셰이크에 브랜디 한 티스푼 정도를 넣는 것 외에는 술도 마시지 않았다. 시중을 드는 하인이 가르쳐주지 않으면 모를 정도로 적은 양이었다. 하지만 그는 자주 술고래라는 누명을 들었고, 마침내 그 비방을 멈추게 하기 위해 명예훼손 소송을 제기해야 했다.

백악관에 있을 때 그는 바쁜 틈을 쪼개어 수백 권의 책을 읽었다. 오전에는 5분 인터뷰가 연달아 이어질 때가 자주 있었다. 그럴 때면 그는 책 한 권을 옆에 두고 방문객이 바뀌는 그 짧은 순간을 활용해서 독서를 했다.

여행을 갈 때면 그는 주로 셰익스피어와 보비 번즈의 문고판을 가져갔다. 다코타에서 소 떼를 몰던 시절에는 가물거리는 모닥불 옆에 앉아 한 목동에게《햄릿》전편을 큰 소리로 읽어주기도 했다. 브라질의 밀림을 여행하던 때는 저녁마다 기번의 《로마제국 쇠망사》를 읽었다.

그는 음악을 사랑했지만 정작 본인은 음을 잘 못 맞추는 음치였다. 그는 혼자 일할 때 종종 〈내 주를 가까이하게 함은〉이라는 찬송가를 부르곤 했다. 서부의 한 도시를 지날 때는 환호하는 인파를 향해 모자를 살짝 기울여주었고, 그러는 동안에도 그 찬송가를 계속 흥얼거렸다.

그는 취미가 많았다. 한번은 백악관 시절, 워싱턴의 유명한 신문사 담당 기자에게 전화를 걸어 즉시 대통령 관저로 오라고 했다. 대통령의 부름을 받고 흥분한 기자는 자신이 어떤 국가적인 문제에 대해 대통령과 독점 인터뷰를 하게 될 거라고 상상했다. 그래서 신문사에 전보를 쳐서 당장 호외를 찍을 준비를 하라고 했다.

이윽고 기자가 백악관에 도착했을 때, 루스벨트는 정치에 대해서는 한마디도 하지 않았다. 대신 기자를 백악관 마당에 있는 속이 빈 고목으로 데려가서 자신이 발견한 새끼 올빼미의 둥지를 보여주었다.

서부를 지나가는 기차 여행 중에는 이런 일도 있었다. 루스벨트가 자신의 전용 객차에서 각료들에게 이야기를 하고 있었는데, 갑자기 기찻길 옆의 옥수수 밭에서 모자를 벗고 서 있는 한 농부의 모습이 보였다. 루스벨트는 그 농부가 미국 대통령에게 경의를 표하고 있음을 알았다. 그래서 당장 자리에서 일어나 뒤쪽 승강구로 달려가 자신의 모자를 힘껏 흔들며 답례해주었다. 그가 그렇게 한 것은 정치적 인기를 위해서가 아니었다. 마음속 깊이 국민을 사랑했기 때문이었다.

죽기 전 마지막 해에 그의 건강은 악화되기 시작했다. 그는 겨우 60세였지만 자신이 늙어가고 있다고 여러 번 말했다. 그는 한 오랜 친구에게 편지를 써서 이렇게 말했다.

"자네와 나는 사정권 안에 있다네. 언제라도 우리는 어둠 속으로 떨어질 수 있지."

1919년 1월 4일, 그는 잠든 상태로 평화롭게 죽음을 맞이했다. 그가 마지막으로 남긴 말은 "불 좀 꺼주게"였다.

25

우드로 윌슨

역사상 가장 큰 기회를 잡았지만
사람 다루는 능력이 부족해서 실패한 대통령

우드로 윌슨은 실제로 어떤 인물이었을까?

사람들은 그를 최고의 천재라고 말했고, 어떤 이들은 그를 위대한 실패자라고 불렀다.

그는 국제연맹을 통해 세계 평화를 꿈꾸었고, 그 이상을 위해 자신의 열과 성을 다했다. 하지만 그의 죽음과 함께 그의 이상도 산산이 부서졌다.

1919년 우드로 윌슨이 유럽을 방문했을 때, 사람들은 그를 시대의 구세주라고 불렀다. 유혈이 낭자하던 유럽에서는 그를 신처럼 환호했으며, 굶주리던 농민들은 그의 초상화 앞에 초를 태우며 마치 그가 성인이라도 되는 듯 기도를 올렸다.

온 세계가 그의 발밑에 놓여 있었던 셈이다. 하지만 석 달 뒤 미국으로 돌아왔을 때, 그는 지치고 병들었으며 많은 친구를 잃은 대신 수백만 명의 적을 얻었다.

역사는 우드로 윌슨을 냉정하고 품위 있지만, 따스한 인간미가 부족한 이상주의적인 교사라고 평가한다. 하지만 사실은 그와 정반대다. 윌슨은 더할 나위 없이 인간적이었고, 좀 더 많은 인간관계를 갈구했다. 그러나 수줍은 성격 탓에 사람들과 쉽게 어울리지 못했던 것이 그의 인생에 큰 비애였다.

"내가 달라질 수 있다면 세상의 무엇이라도 아낌없이 줄 텐데. 하지만 나는 내 자신을 바꿀 수가 없다네." 그는 이렇게 말했다.

가끔 그는 활기찬 모습을 보이기도 했다. 웨슬리언 대학의 교수 시절, 어느 날은 관람석에서 뛰어 내려와 직접 축구 경기의 응원을 주도했고, 버뮤다에 있을 때는 흑인 뱃사공들과 수다 떠는 게 너무 즐거워서 일부러 배를 타러 가기도 했다.

우드로 윌슨은 아마도 역대 백악관 주인들 중 가장 학구적인 인물이었을 것이다. 하지만 그는 열한 살이 될 때까지도 글을 읽거나 쓰지 못했다. 그가 휴식을 위해 가장 즐겨 읽는 책은 추리소설이었다.

그는 예술에는 별다른 관심을 보이지 않았다. 그래서 종종 휘슬러의 동판화를 사느니 싸구려 잡화점에서 파는 10센트짜리 유색 석판화를 사는 게 낫겠다고 말했다. 또 그는 속세와는 거리가 먼 학문을 추구하는 분위기에서 평생을 보낸 교양 있는 교수였지만, 셰익스피어 연극보다는 뮤지컬 코미디를 보는 게 낫다고 솔직하게 말했다. 극장에 가는 이유는 교양을 갖추기 위해서가 아니라 즐기기 위해서였기 때문이다. 실제로 그가 대통령이었을 때는 거의 매주 버라이어티 쇼를 보러 갔다.

그는 거의 평생을 가난하게 살았다. 교사였을 때는 월급이 너무 적어서 그의 아내가 그림을 그려서 팔아 살림에 보탰다. 젊은 교수 시절의 우드로 윌슨은 좋은 양복을 살 형편이 안 되었고, 나이가 들어서도 링컨처럼 자신의 용모에 거의 신경을 쓰지 않았다. 대통령이었을 때는 이런 일도 있었다. 하인이 그의 낡은 예복을 양복점에 보내 옷깃을 광택 있는 새틴으로 교체할 것을 권하자, 그는 이렇게 대답했다. "아니, 그러지 말게. 아직 1년은 더 입을 수 있어."

그리고 링컨처럼 윌슨은 음식에도 무관심했다. 그는 자기 앞에 놓인 음식이면 무엇이든 가리지 않고 먹었으며, 종종 자기가 무엇을 먹고 있는지도 깨닫지 못하는 듯 보였다.

그는 평생 딱 한 대의 시가를 피웠지만, 그나마 머리가 아파서 하나를 다 피우지도 못했다.

그의 유일한 사치는 아름다운 책을 사는 것이었다. 우드로 윌슨은 얼음장 같은 겉모습 안에 성급하고 격렬한 감정을 지닌 사람이었다. 그를 잘 아는 사람들은 그가 시어도어 루스벨트보다 더 성미가 급했다고 말한다. 첫 번째 아내에 대한 그의 헌신은 지극히 애처로웠다. 대통령이 되고 나서 그가 처음으로 한 일은 아내에게 담비 모피 한 벌을 사준 것이다. 1년 뒤 아내가 사망했을 때, 그는 그녀를 소파 위에 눕혀놓고 사흘을 밤낮으로 그녀 곁에 머물며 그녀의 시신을 72시간 동안 백악관 밖으로 내보내지 않았다.

그는 뛰어난 지성인으로 평가되지만 언어 구사력이 부족했다. 또한 세계의 위대한 문학작품을 많이 접하지도 않았으며, 과학에 무관심했고, 철학도 좋아하지 않았다.

그는 변호사로 사회생활을 시작했지만 법조계에서 그는 무참하게 실패했다. 평생 자신이 직접 소송을 이끌어본 적도 없었는데, 그가 유일하게 취급했던 사건의 의뢰인은 그의 어머니였다.

윌슨의 성격상 가장 큰 결점은 아마도 융통성 부족이었을 것이다. 소년 시절부터 평생 간직해온 그의 야망은 정치가가 되는 것이었다. 그는 자신의 방에서 한 번에 몇 시간씩 연설 연습을 하기도 했다. 완벽한 연설을 하기 위해 그는 아주 사소한 일까지도 신경을 썼다. 예를 들면 연설할 때 적절한 몸짓을 알려주는 도표를 벽에 붙여놓기도 했다. 하지만 그는 가장 중요한 것을 놓치고 말았다. 사람을 다루는 방법에 대해서는 배우지 않은 것이다.

말년이 되자 친구들과의 우정이 줄줄이 깨졌다. 그는 상원의 지도자들과 다투었고, 하우스 대령을 비롯한 가장 가까운 친구들과의 교제도 중단했다. 마침내 그는 민주당 사람들만 뽑아달라고 요구하는 바람에 대다수의 국민들에게도 외면당했다.

상원이 국제연맹의 수락을 거부하자 윌슨은 국민들에게 직접 호소했다. 그는 항상 허약했고, 그의 의료진들은 그에게 더 이상의 스트레스는 안 된다고 경고했다. 하지만 그는 그들의 충고를 무시했다.

한때 말 한마디로 세상을 흔들었던 이 지적인 천재는 대통령

임기의 마지막 해에는 너무나 병약하고 노쇠한 사람이 되어 있었다. 누군가가 그의 손을 잡아주지 않으면 자기 이름을 서명할 수조차 없을 정도였다.

은퇴 후 전 세계의 사람들이 성지순례라도 하듯 워싱턴 S가에 있는 그의 집을 찾아 몰려들었다. 그가 침대에 누워 죽어가자, 순례자들은 그의 집 앞 도로 위에 무릎을 꿇고 그의 꺼져가는 영혼을 위해 기도했다.

26

잭 런던

고등학교 과정을 석 달 만에 끝마치고
18년 동안 51권의 책을 쓴 《야성의 부름》의 작가

50여 년 전, 한 부랑아가 버펄로 행 화물열차에 몰래 타고서 객실 칸마다 돌아다니며 음식을 구걸하기 시작했다. 경찰이 그를 부랑죄로 체포했고, 판사는 그를 감방에 넣어 힘든 사역을 30일간 하라고 판결했다. 30일 동안 그는 바위를 깨뜨리는 고된 노동을 하며 빵과 물 이외에는 아무것도 먹지 못했다.

하지만 6년 후, 겨우 6년이 지났을 때 놈팡이에 거렁뱅이였던 이 부랑아는 서부 해안 지역에서 가장 인기 있는 인물이 되었다. 그는 캘리포니아 사교계의 명사들에게 환영받았고, 소설가와 비평가, 편집자들에게 문학계의 가장 빛나는 별 중 하나라는 칭송을 들었다.

그는 열아홉 살이 된 후에야 고등학교에 진학했으며, 죽음을 맞이할 당시 그의 나이는 겨우 마흔이었다. 그런데도 무려 51권의 책을 남겼다.

그의 이름은 잭 런던이며,《야성의 부름》의 작가다.

1903년에 이 책을 쓰고 나서 잭 런던은 하룻밤 새에 유명해졌다. 편집자들은 그의 작품을 얻기 위해 서로 아우성이었다. 하지만 그는 첫 번째 흥행작으로 큰돈을 벌지 못했다. 출판업자들과 할리우드의 영화 제작자들은 그 책으로 100만 달러를 벌어들였지만, 런던은 《야성의 부름》에 대한 모든 권리를 겨우 2000달러에 팔아버렸기 때문이다.

만약 당신이 책을 한 권 쓴다면 가장 먼저 글의 소재를 찾아야 한다. 이것이 바로 잭 런던이 거둔 놀라운 성공의 비결이었다. 그는 짧고 열정적인 인생을 살면서 다양한 경험들을 했다. 범선의 선원이 되었다가 부두 노동자로 일했으며, 양식장에서 굴을 몰래 따는 도둑질도 하고, 광부도 하는 등 여러 종류의 일을 해본 것이다. 또 먼 북쪽 바다에서 물개들을 잡았고, 지구의 반을 떠돌아다녔으며, 떠돌이로 겪은 경험들을 책으로 썼다.

아무것도 먹지 못하고 굶주리는 날들도 많았다. 공원의 벤치나 건초 더미 또는 화물차에서 자기도 했다. 딱딱한 바닥 위에서 잠든 적도 많았고, 가끔은 물웅덩이 안에서 눈을 뜬 적도 있었다. 때로는 너무 지친 나머지, 달리는 화물차의 밑바닥 축 위에 올라타고서 잠에 곯아떨어지기도 했다.

그는 수백 차례 미국 감옥에 투옥되었으며, 멕시코와 만주, 일본, 그리고 한국의 감옥에 수감되기도 했다.

잭 런던은 어린 시절 가난과 역경으로 힘든 나날을 보냈다. 그는 샌프란시스코 만의 부둣가를 어슬렁거리는 불량배 무리와 어울리며 제멋대로 자랐다. 학교생활은 어땠을까? 그는 학교를 하찮게 여기고 온종일 수업을 빼먹기도 했다.

그러던 어느 날 거리를 배회하다 공공 도서관으로 들어간 그는 《로빈슨 크루소》를 읽게 되었고, 그 책의 매력에 빠져들었다. 그는 배가 고팠지만 책을 읽느라 밥 먹으러 집으로 갈 생각도 하지 않았다. 다음 날 그는 다시 도서관으로 달려가서 다른 책들을 읽었다. 새로운 세상이 그의 앞에 펼쳐지고 있었다. 《아라비안나이트》의 '바그다드'만큼이나 신비롭고 흥미진진한 세상이었다.

그때부터 그는 책에 대해 꺼지지 않는 열정을 갖게 되었다. 그는 하루에 10~15시간 동안 책을 읽었다. 닉 카터부터 셰익스피어까지, 또 허버트 스펜서에서 칼 마르크스에 이르기까지 모든 책을 집어삼킬 듯이 읽었다.

열아홉 살이 되었을 때, 그는 자신의 노동력을 파는 대신 머리 쓰는 일을 하기로 마음먹었다. 그는 떠돌이 생활에 싫증이 났고, 경찰관에게 맞는 것도 이골이 났으며, 열차 직원의 손전등에 머리를 맞는 일도 지겨워졌다.

그래서 열아홉 살이 되었을 때, 캘리포니아 주 오클랜드에 있는 고등학교에 입학했다. 그는 밤낮으로, 심지어 잠잘 시간에도 공부했고, 결국 기적 같은 일을 이루어냈다. 거의 4년간 해야 할 공부를 단 3개월 만에 끝내고 시험에 합격해 캘리포니아 대학에 입학하게 된 것이다.

위대한 작가가 되겠다는 목표를 정한 뒤 그는 《보물섬》, 《몬테크리스토 백작》, 《두 도시 이야기》 등과 같은 작품을 끊임없이 연구했고, 열병이라도 걸린 듯 열성적으로 글을 썼다. 하루에 5000단어를 썼으니 20일 만에 장편소설 한 권을 낸 것과 같은 분량이었다. 가끔은 30편의 단편소설을 여러 편집자들에게 동시에 투고했지만 모두 거절당한 적도 있었다. 그러면서 그는 자신의 길을 개척해나가고 있었다.

그러던 어느 날, 그의 단편소설 중 하나인 《일본 해안의 태풍》이라는 책이 〈샌프란시스코 콜〉 신문사가 주최한 공모전에서 1등으로 뽑혔다. 그러나 그가 받은 상금은 겨우 20달러였다. 그는 방세도 내지 못할 정도로 빈털터리였다.

1896년은 극적인 사건과 흥분이 가득한 해였다. 클론다이크에서 금이 발견되었고, 이 놀라운 소식이 전선을 타고 대륙을 가로지르며 전파되면서 온 나라가 떠들썩했다.

직공들은 공장을 떠났고, 군인들은 탈영했으며, 농부들은 땅을 버렸고, 상인들은 가게문을 굳게 닫았다. 모두들 금을 찾아 길을 떠난 것이다. 사람들은 한 떼의 메뚜기들처럼 북극광 아래 있는 황금의 땅을 찾아 몰려갔다.

잭 런던도 그들 사이에 있었다. 그는 클론다이크에서 금을 찾느라 정신없는 1년을 보내며 믿기 어려울 만큼 힘든 일들을 겪었다. 달걀 한 개가 25센트였고, 버터는 450그램이 3달러에 팔렸다. 그는 영하 23도의 기온에 맨 바닥에서 자야 했고, 결국 주머니에 동전 한 푼 없이 본토로 돌아왔다.

그는 눈에 보이는 온갖 잡다한 일들을 다 했다. 레스토랑에서 설거지를 하고, 마룻바닥을 닦았으며, 부두와 공장에서 일했다.

그러던 어느 날 수중에 겨우 2달러가 남았을 때였다. 그는 육체노동은 영원히 그만두고 자신의 모든 시간을 문학에 바치기로 결심했다. 그때가 1898년이었다. 그로부터 5년 뒤인 1903년 잭 런던은 6권의 장편소설과 125편의 단편소설을 출간하면서 미국 문학사에서 가장 많이 회자되는 인물 중 한 명이 되었다.

잭 런던은 본격적으로 글을 쓰기 시작한 지 겨우 18년이 지난 1916년에 사망했다. 그럼에도 그 기간 동안 1년에 평균 3권의 책과 셀 수 없을 만큼 많은 단편들을 썼다.

그의 연 수입은 미국 대통령보다 두 배나 더 많았다. 그의 책들은 여전히 폭발적인 인기를 얻고 있으며, 그는 유럽에서 가장 널리 읽히는 미국 작가들 중 한 사람이 되었다.

그가 겨우 2000달러밖에 받지 못했던 《야성의 부름》은 20여 개의 언어로 번역되었고, 150만 부 이상이 팔렸으며, 미국 문학사에 가장 인기 있는 작품 중 하나가 되었다.

27

칙 세일

한 단어당 49.49달러를 받은 소설을 썼으면서도
괜히 썼다고 후회한 작가

세계 역사상 한 단어마다 49.49달러를 받은 책을 쓴 작가는
단 한 명뿐이다. 바로《스페셜리스트》의 작가인 칙 세일이다.

《스페셜리스트》는 칙 세일이 처음으로 쓴 작품이었다. 그는
이 책에 대해 자신이 없어서 초판으로 겨우 2000부만 인쇄했
는데, 초판이 다 팔리는 데 6주가 걸렸다.

이윽고 이 책의 인기가 치솟더니 소나무 숲에 불길이 번지듯
전국적으로 대유행했고, 펄 벅의《대지》보다 더 많이 팔리게
되었다.

작가는《대지》보다 더 많이 팔린 책을 썼다는 데 엄청난 자
부심을 느꼈을까? 그렇지 않았다. 그는《스페셜리스트》를 쓴
걸 후회했다. 많은 사람들이 그 책에 나오는 유머를 제대로 이
해하지 못했기 때문이다.

그는 그 책이 큰 성공을 한 것은 자랑스러워했지만, 사람들
이 자기 앞에서 그 책에 대해 이야기할 때는 당황해했으며 차

라리 아무도 언급해주지 않는 것을 더 좋아했다. 특히 그 책의 유머가 천박하다고 여기는 사람을 만날 때는 더욱 그랬다. 실제로 그의 딸은 그 책이 가족의 명예를 더럽혔다며 눈물을 흘렸던 적도 있었다.

칙 세일은 우연한 계기로 작가가 되었다. 사실 그는 배우였다. 그것도 가장 훌륭한 성격파 배우 중 한 명이었다. 그런 그가 배우가 된 것 역시 우연한 기회였다.

수년 전에 그는 일리노이 주 어배너에 있는 철도 공장에서 일하는 기계공이었다. 그의 누나는 무대에 대한 열망으로 배우가 되려고 시카고의 한 연기 학교에 다니고 있었다. 크리스마스 휴가를 맞아 집에 온 누나는 교회의 연극에서 시골 사람 역을 맡아 연기했다.

그녀의 공연이 끝나자 칙은 이렇게 말했다. "나라면 연기 학교에 다니지 않아도 그 정도는 할 수 있어."

누나가 그에게 한번 해보라고 부추기자, 그는 무대 중앙으로 걸어 나가 어배너에 있는 전신 기사 흉내를 냈다. 그의 연기를 보고 사람들은 몇 분 동안 의자에서 굴러 떨어질 정도로 배를 잡고 웃었다.

일주일 뒤 한 공연단이 쇼를 하기 위해 어배너에 왔다. 그 극단에는 막간에 나와 청중들을 재밌게 해주는 코미디언이 있었는데 그만 병에 걸리고 말았다. 그 소식을 들은 칙 세일은 그 일에 지원했다.

쇼의 매니저는 그다지 기대를 하지 않았다. 하지만 칙이 자기가 할 수 있는 몇 가지 연기를 선보이자, 일주일간 그를 채용하기로 하고 10달러를 주었다. 그 무대가 칙의 인생을 바꾸었다.

무대 위에서 받는 각광과 화려한 매력, 500명 관중들의 환호성과 박수갈채!

이제 통나무를 묶는 사슬과 미주리 주의 힘센 노새들을 동원한다 해도 이 모든 것을 맛본 그를 철도 공장의 기계공으로 다시 붙잡아 들일 수 없었다.

그는 낡은 여행 가방에 짐을 싸고 시카고로 달려갔다. 극장에 일자리를 구하고 싸구려 하숙집으로 가서 연기 연습을 시작했다. 그는 구레나룻을 붙이면 자신이 더 나이 든 사람처럼 보일 거라고 생각했지만 어디서 구입해야 할지 몰랐다. 그래서 매트리스에서 꺼낸 말의 털로 직접 구레나룻을 만들었다. 그는 분장용품 판매상에게 진짜 수염을 구입하기 전까지 8개월 동안 이 매트리스 수염을 달고 무대 위에 올랐다.

그의 연기에 대한 보수는 너무 적어서 동전 한 푼도 소중했다. 그는 식사량을 줄이려고 싸구려 사탕을 사서 저녁 식사 전에 조금씩 깨물어 먹었다. 그러면 식욕이 어느 정도 줄었기 때문이다.

그러다 보니 위에 문제가 생겼다. 아마 싸구려 사탕 때문인지도 모른다. 어쨌거나 그는 수술비로 수천 달러를 써야 했고, 호텔 식사를 할 수 없어서 요리사를 항상 데리고 다녀야 했다.

그는 서류 보관용 캐비닛을 개조해서 만든 철재 트렁크도 항상 갖고 다녔다. 그 안에는 공연에서 사용할 개그 소재들이 가득 들어 있었다. 그는 세상에서 가장 많은 농담을 알고 있었지만 사석에서는 우스운 이야기를 단 한마디도 꺼내지 않았다.

또 브로드웨이에서 6편의 뮤지컬 코미디 작품에 출연했지만 노래나 춤 실력은 좋지 못했다. 그는 미국에서 '호른 연주자' 역할로 가장 유명했지만 호른을 연주할 줄도 몰랐고, 파리를 소재로 한 쇼를 통해 5만 달러를 벌었지만 정작 파리에 가본 적조차 없었다.

그는 16년 동안 똑같은 구두를 신고 무대에 섰다. 그가 노인 역을 맡았을 때 신었던 구두였다. 그는 그 구두가 자신에게 행운을 가져다준다고 믿었기 때문에 항상 그 구두를 수선해서 신었고, 다른 구두는 찾지 않았다.

버라이어티 쇼에서 공연하는 동안 그는 몬테나 주 미줄라에서 온 소녀와 사랑에 빠졌다. 달빛처럼 은은한 후광이 비치고, 재스민 꽃향기를 머금은 매혹적인 여성이었다.

그는 극장의 수많은 관객 앞에 서는 것을 두려워하지 않았다. 하지만 그녀에게 청혼하려고 마음먹자 얼굴이 붉어지고, 말을 더듬었으며, 자신이 초라하게 느껴졌다. 그래서 결국 아프다는 핑계를 대고 혼자 호텔로 돌아왔다.

호텔방에 도착한 그는 전화로 그녀에게 청혼을 했다. 그녀는 그 청혼을 받아들여 결혼했으며, 네 명의 아이를 낳았다.

《스페셜리스트》를 통해 많은 돈을 번 칙 세일은 《옥수수 탈곡기가 영화를 망친다》라는 책을 한 권 더 썼다. 하지만 이번에는 인쇄비를 감당할 만한 돈도 벌지 못했다.

28

프랜시스 예이츠 브라운

영화에서는 보여주지 않았던
뱅골 창기병의 삶을 실제로 살았던 작가

어느 날 오후, 예이츠 브라운이라는 마른 몸매에 진지한 표
정의 영국 청년이 포레스트 힐스에 있는 우리 집을 찾아왔다.
그는 벽난로 앞에 앉아서 동양에 있는 신비롭고 전설적인 나라
에서 겪은 모험담을 몇 시간 동안 들려주었다. 당시 서른아홉
살이었던 그는 이미 열아홉 살 때부터 많은 전쟁터에서 죽음을
목격해왔다.

바그다드와 콘스탄티노플 전쟁에서는 포로로 붙잡힌 적도
있었고, 메소포타미아의 불같이 뜨거운 모래사막에서 터키인
들과 싸웠으며, 플랑드르의 진흙 벌판에서는 독일군과도 맞붙
었다.

그는 《피비린내 나는 시간들》이라는 책을 썼지만, 나는 그가
아라비아의 로렌스(아랍 민족운동의 원조자인 영국군 장교 토머스 에드워드
로렌스의 별명. 그의 일생을 담은 영화 〈아라비아의 로렌스〉가 있다—옮긴이)처
럼 전투보다는 시와 철학에 더 관심을 갖는 조용하고 목소리가

부드러운 영국 신사라는 것을 알아보았다.

예이츠 브라운은 20년간의 군 생활 동안 모은 돈이 별로 없었다. 자기 앞에 펼쳐진 미래에 대해서도 별다른 묘안이 없었지만 그다지 걱정하지 않는 듯했다. 동양에 있을 때 마음을 평온하게 다스리는 철학을 배웠기 때문이다. 그는 신비주의와 요가에 심취했고, 성자들 밑에서 공부하며 베단타(범신론적·관념론적 일원론으로서 바라문 사상의 주류─옮긴이) 철학의 비밀을 파헤쳤다.

그는 대부분의 사람들처럼 하나의 인생을 살지 않았다. 그는 서른아홉 살이었지만 다양한 삶을 직접 체험했다. 그날 오후 내게 들려준 이야기들을 포함해 그는 자신의 숨 가쁜 모험을 담은 《벵골 창기병의 삶》이라는 책을 썼다. 1930년 당시 그 책은 엄청난 성공을 거두었고, 할리우드에서 영화로 제작되어 관객들의 마음을 사로잡기도 했다. 하지만 전기를 기반으로 만든 대부분의 영화에서처럼, 그 영화는 예이츠 브라운의 실제 경험에서 많이 벗어난 내용이었다.

프랜시스 예이츠 브라운이 처음으로 청색과 금색이 들어간 왕립 벵골 창기병의 군복을 입고 터번을 둘렀을 때, 그의 나이는 겨우 열아홉 살이었다. 그 부대는 영국 연방 지역에 있는 군대 중 가장 당당하고 위엄 있는 기병대였으며, 특별히 선출된 뛰어난 군인들로 구성되었다. 그들의 급료는 한 달에 10달러 정도로 거의 없는 편이나 마찬가지였다. 또한 개인이 사용할 말이나 장비도 지급되지 않았다. 하지만 이 용감한 영국의 젊은 군인들은 돈을 벌기 위해 인도에 간 게 아니었다. 그들은 키

치너, 차이니즈 고든, 프란시스 드레이크 경, 월터 롤리 경 등이 품었던 숭고한 정신과 명예를 위해 입대했다.

그들은 매일 새벽 5시에 기상했으며, 태양에 달구어진 총이 뜨거워서 더 이상 들고 있을 수 없을 때까지 훈련했다. 그리고 그늘의 온도조차 섭씨 37도가 넘는 불볕더위 속에서도 폴로 경기장을 미친 듯이 달리며 여가 시간을 보냈다. 그들은 일사 병으로 쓰러졌고, 말라리아에도 몹시 시달렸다.

하지만 예이츠 브라운이 내게 말하길, 인도에서 가장 위험하 면서도 흥미진진한 스포츠는 '돼지 찌르기'라고 했다. 말을 타 고 가시나무 숲을 질주하며 끝에 창을 장착한 대나무 막대기를 사용해 거칠고 돌이 많은 지역에서 멧돼지를 사냥하는 것이다.

이 세상에 상처 입은 멧돼지보다 더 포악한 동물은 없다. 뻣 뻣한 털을 가진 150킬로그램의 몸뚱이에 여우처럼 교활하고 사자처럼 용맹스러우며, 기병대의 말처럼 발이 재빠르다. 녀석 의 면도날처럼 날카로운 엄니의 사정권 안에 들어갔다는 것은 순식간에 확실한 죽음을 맞이한다는 뜻이다.

나는 예이츠 브라운에게 가장 위험했던 순간에 대해 이야기 해달라고 청했다. 그랬더니 그는 '돼지 찌르기'를 하던 어느 날 겪은 사건을 말해주었다.

그와 동료들은 가시덤불 숲에서 거대한 멧돼지를 몰고 있었 다. 그 흉포한 멧돼지는 커다란 엄니를 햇빛에 번쩍이며 벌판 을 가로질러 질주했다.

예이츠 브라운은 폴로 경기용 조랑말 위에 올라타 녀석을 바짝 뒤쫓았다. 그가 창을 던져 멧돼지를 찌르던 바로 그 순간, 그의 말이 비틀거리다 넘어지면서 말과 멧돼지와 예이츠 브라운은 모두 아수라장이 되고 말았다. 그의 다리와 말의 앞발이 서로 얽히고 할퀴는 바람에 그는 비명을 지르고 말은 울부짖었다. 예이츠 브라운은 마구 날뛰는 말 아래에 깔렸으며, 창에 찔린 멧돼지는 일어나려고 발버둥치고 있었다.

말이 배를 들썩이는 틈에 예이츠는 벌떡 일어나 가까운 나무 위로 부리나케 올라갔고, 이어서 멧돼지가 일어섰다. 그는 구조대가 올 때까지 나무 위에 있었다. 이 하나가 부러지고, 엄지손가락은 삐었으며, 머리부터 발끝까지 온통 멍이 든 그의 모습은 엉망이었다. 멧돼지는 그의 창에 찔린 상처 때문에 결국 죽었다. 그 상황에서 유일하게 만족스러워한 건 그의 말뿐이었다. 녀석은 서두르지 않는 동양 특유의 여유를 갖고 느긋하게 걸으며 풀을 뜯어 먹었다.

하지만 내 생각에 예이츠 브라운의 별난 경험 중에서 가장 특이한 에피소드는 그가 여장을 했던 때의 이야기다.

그가 메소포타미아에서 터키 군과 싸우고 있을 때의 일이다. 그는 포로로 잡혀 벌레가 우글대는 콘스탄티노플의 감옥에 갇혔다가 탈출했다. 하지만 터키 당국이 기를 쓰고 그를 추적하는 바람에 그 도시를 벗어날 수가 없었다.

그들은 당연히 영국인 장교를 찾고 있었다. 그래서 카페에 앉아 러시아 왕자를 자주 만나곤 하던 독일인 여자 가정교사에 대해서는 전혀 의심하지 않았다. 러시아 왕자도 터키 당국의 감시를 받긴 했지만, 감성적인 터키인들은 그의 연애에 조금도 간섭할 마음이 없었다. 그래서 예이츠 브라운이 베일을 두른 모자에 검정색 여우 목도리를 어깨에 두르고, 손에는 토시를 낀 독일인 여자 가정교사로 변장하고 카페에 들어섰을 때 러시아 왕자는 벌떡 일어나 정중하게 허리를 굽혀 숙녀의 손에 입맞춤을 했다. 터키 형사들은 그의 기분을 알겠다는 듯 서로 미소를 지으며 어깨를 으쓱했다. 결국 감시 대상이었던 러시아 왕자에게도 약간의 연애는 허용된 것이다.

하지만 마드모아젤 조세핀(변장한 여자 가정교사 차림을 뜻함—옮긴이) 변장으로는 터키를 빠져나갈 수 없었기 때문에 그에게는 새로운 역이 필요했다. 그래서 한밤중에 다시 성과 국적을 바꾸고 군수품 공장에서 실직한 헝가리 기계공으로 변장했다. 그는 양 끝을 말아 올린 콧수염을 기르고, 중산모자와 금테 안경을 쓰고, 얼룩 진 하얀 조끼에 양 옆을 고무로 댄 신발을 신었다. 실제로 그는 이류 코미디언처럼 보였지만, 터키인들은 그가 진짜 기계공이라고 믿었다.

하지만 결국 붙잡혀서 다시 감옥으로 돌아갔다. 그러다 교도소 정원에서 저녁 식사를 마친 그리스 사람들 중 한 명인 척하면서 한 번 더 탈출을 시도했다. 그들이 교도소를 나갈 때 그도 따라 나갔으며, 마치 생전의 부처처럼 차분하고 평온하게 거리를 걸어갔다.

전쟁터에서 보았던 가장 끔찍한 장면은 무엇이었냐고 묻자 그는 이런 이야기를 해주었다. 그가 전쟁에서 포로로 잡혔을 때 터키 군인들은 그에게 포로수용소까지 320킬로미터 이상을 걷게 했다. 도중에 그는 살아 있는 주민이 한 명도 없는 마을을 지나게 되었다. 터키 군인들이 아르메니아인 주민 전체를 학살한 것이다. 온 마을에 죽음의 침묵이 깔려 있었다. 살아남은 유일한 생명체는 조용한 거리를 어슬렁거리는 개 몇 마리와 머리 위 하늘을 선회하는 대머리수리들뿐이었다고 한다.

29

앨 졸슨

10센트가 없어서 죽을 운명이었음에도
나중에 100만 달러짜리 계약서를 찢어버린 배우

내가 알고 있는 바로는, 미국에서 100만 달러짜리 계약서를
찢은 배우는 단 한 사람이다.

당신은 영화에서 그를 보았고, 그가 부른 노래를 불렀으며,
그의 농담에 웃은 적이 있다. 그는 최초로 장편 유성영화를 만
들었으며, 할리우드에서 가장 흥행에 성공한 작품을 만들기도
했다. 그 영화는 1200만 달러를 벌어들였는데, 어떤 다른 영화
도 이루어내지 못한 최고의 기록이었다.

그 영화는 바로 〈싱잉 풀〉로, 주연 배우는 앨 졸슨으로 알려
진 아사 요엘슨이다.

졸슨은 한때 주급으로 3만 1250달러나 받은 적이 있었다. 그
것도 6개월 이상 아무 일도 하지 않으면서 꼬박꼬박 주급을 받
았다. 다시 말해 할 일 없이 빈둥거리면서도 6개월 동안 100만
달러를 벌었다는 얘기다. 정확하게 말하자면, 그는 연기할 준비
가 되어 있었지만 그의 고용주인 유나이티드 아티스트 측에서

는 당장 촬영에 들어갈 대본이 준비되지 않았다. 그래서 그는 할 일 없이 골프나 치면서 미국 대통령의 소득이 속기사의 급여 정도로 여겨질 만큼의 어마어마한 돈을 받게 된 것이다.

그런데 그는 냉소적인 할리우드에서 누구도 예상하지 못한 관대한 행동을 함으로써 사람들을 놀라게 했다. 당시 대공황이 몰아쳐서 졸슨의 평생 친구이자 유나이티드 아티스트의 사장인 조셉 쉔크가 재정적으로 큰 손해를 보게 되었다. 게다가 그의 계약서에는 앨 졸슨에게 지급해야 할 100만 달러 이상의 출연료가 있었다. 하지만 졸슨은 그 계약서를 찢어버리고 조셉 쉔크에게 돌려주며 이렇게 말했다. "이 계약은 잊어버리게. 내가 자네를 위해 한 일이 없으니 자네도 내게 돈을 지급할 이유가 없지."

언젠가 최고경영자인 찰스 슈왑이 연봉 100만 달러를 보장하는 임금 계약서를 찢어버려 월스트리트에 반향을 불러일으킨 적이 있었다. 하지만 한때 가난하고 초라한 배우였던 졸슨은 연봉 200만 달러를 보장하는 계약서를 찢어버린 것이다. 아무도 그에게 그렇게 해달라고 부탁하지 않았고, 누구도 그가 그렇게 하리라 예상하지 못했는데 말이다.

앨 졸슨은 어릴 때 결핵을 앓은 적이 있었다. 치료를 받기 위해 벨뷰 병원의 무료 진료소에 갔을 때, 의사들은 그에게 당장 시골로 떠나지 않으면 6개월 안에 죽게 될 거라고 말했다. 병원에서 받은 처방전과 약값은 무료였다. 하지만 약을 받으러 갔을 때 약병 값으로 10센트를 내야 한다는 사실을 알았다. 당시 그는 동전 한 푼도 없었기 때문에 약을 받지 못하고 그냥 돌아와야 했다.

다행히 그는 약이나 의사의 진료 없이 건강을 회복할 수 있었다. 하지만 자신이 단돈 10센트가 없어서 죽어야 한다는 게 어떤 느낌인지를 결코 잊지 않았다. 그래서 사라나크 레이크의 애디론댁스에 있는 결핵 요양원에 해마다 2만 달러를 후원했고, 덕분에 가난한 환자들은 무료로 병실을 사용할 수 있었다. 그는 11년째 그들을 후원하고 있지만, 자신의 도움으로 생명을 구하게 된 사람들을 만나본 적은 없다.

나는 종종 사람들의 생일이 궁금하다. 그래서 졸슨에게 그의 생일이 언제냐고 물었는데, 그는 모른다고 대답했다. 졸슨은 러시아의 가난한 부모 밑에서 태어났는데, 그의 집은 짚으로 엮은 지붕에 돌로 만든 마루가 있는 작은 오두막이었다고 한다. 그날이 그날 같은 궁핍한 생활에 그의 부모님은 자식의 생일 같은 걸 따질 겨를이 없었다. 그래서 그는 자신이 태어난 해가 1885년인지 1886년인지 아니면 1888년인지 종잡을 수가 없었다.

하지만 그가 유명해지자 친구들은 그에게 생일 선물을 주고 싶어 했고, 그는 자신의 생일을 골라야 했다. 배우들은 시즌이 시작할 무렵이면 빈털터리가 된다는 걸 알았기 때문에 그는 가을에 태어난다는 건 좋지 않다고 생각했다. 반면 봄에는 왕성한 기운이 느껴진다. 게다가 5월은 아름답고 날이 따뜻하기 때문에 그는 5월을 선택하고, 생일을 1888년 5월 26일로 정했다. 그 날짜는 자신이 태어난 날은 아니지만 실제 생일과 큰 차이는 없다고 했다. 어쨌거나 4～5년 이상 차이 나지 않을 테니 별 문제는 없었다.

졸슨은 어렸을 때 〈빈민가의 아이들〉이라는 연극의 단역으로 처음 무대에 섰다. 그의 대사는 딱 한 줄이었다. 무대 위로 뛰어나가 "유대인들을 죽여라!"라고 외치면 되었다.

그 당시 그의 아버지는 주중에는 유대교 율법을 지키는 도살장에서 소를 잡았고, 토요일에는 유대교 회당에 가서 노래를 불렀다. 그래서 그가 연극에서 "유대인들을 죽여라!"라고 외쳤다는 소식을 아버지가 듣게 되었을 때, 어린 졸슨의 연기 인생은 거기서 끝날 뻔했다.

졸슨이 처음 뉴욕에 왔을 때, 그는 돈이 한 푼도 없어서 워싱턴에서부터 몰래 무임승차를 해야 했다. 너무 순박하고 무지했던 그는 뉴저지 주의 뉴어크(Newark)에 도착했을 때 자신이 뉴욕에 왔다고 생각했다. 그래서 기차에서 내려 저지 메도우즈의 덤불숲에서 잠을 청했다. 잠에서 깨보니 그의 다리와 손은 온통 모기에게 물려 따갑고, 붓고, 피까지 흘리고 있었다.

마침내 뉴욕에 도착한 그는 공원 벤치와 강가에 세워둔 트럭 밑에서 잠을 잤으며, 며칠 동안 아무것도 먹지 못했다. 그 당시 그의 유일한 희망은 바워리 가의 술집에서 동전 몇 푼을 동냥받는 것이었다.

미국의 무대 연출자인 리 슈버트는 배우의 명성만으로 대도시의 극장을 가득 채울 수 있는 배우는 미국에 딱 두 사람밖에 없다고 언급한 적이 있다. 한 명은 프레드 스톤이고, 다른 한 명이 앨 졸슨이었다.

하지만 앨 졸슨의 말에 따르면, 처음 윈터 가든 무대에 섰을 때는 상심이 컸다고 한다. 장시간에 걸친 공연이었지만 그는 제대로 공연을 마칠 수가 없었다. 관객들은 박수갈채는커녕 조용한 수군거림도 없이 아무런 반응을 보이지 않았기 때문이다. 그날 밤 무대의 커튼이 내린 후 그는 실의에 빠져 비틀거리며 브로드웨이의 거리를 걸었다. 54번가에 살았던 그는 멍한 상태로 걷다가 자신의 집에서 36블록이나 떨어진 90번가까지 걸어갔다.

그 시절 앨 졸슨은 자신의 이름이 언젠가 브로드웨이의 하늘에서 오로라처럼 번쩍이고, 극장 지배인들이 1분에 10달러라는 거금을 지불하겠다며 자신에게 달려들 거라는 생각은 꿈에서도 하지 못했을 것이다!

30
싱클레어 루이스

네 군데의 신문사에서 해고당했고
노벨상 수상 소식을 농담으로 알았던 작가

내가 처음으로 싱클레어 루이스를 만난 건 몇 년 전의 일이다. 그때 우리는 대여섯 명의 일행과 함께 롱 아일랜드의 프리포트에서 모터보트를 빌려 고등어와 민어 낚시를 하기 위해 바다로 나가고 있었다. 당시 나는 뱃멀미를 전혀 안 하는 루이스에게 경의를 표했다. 파도는 들썩이고 바다는 요동쳐서 나는 보트 바닥으로 몸을 숙였지만, 루이스는 마치 바다 풍경을 그려놓은 그림 속의 남자처럼 똑바로 앉아 낚시를 계속했다.

오늘은 그의 낚시 기술이 아닌(나도 이제는 갑판에서 혼자 오래 서 있을 수 있다) 뛰어난 소설들을 연이어 집필한다는 것에 경의를 표하려고 한다. 남자가 소설을 쓴다는 게 시시하다고 생각된다면 직접 한번 써보시길.

싱클레어 루이스는 1920년에 처음으로 작가로서 성공했다. 그전에도 6권의 책을 썼지만 문학적인 파장을 일으키지는 못했다. 그런데 그의 일곱 번째 소설인 《메인 스트리트》는 마치 토네이도처럼 전국을 휩쓸었다. 여성 단체는 이 책을 비난했고, 목사들은 이 책에 대해 성토했으며, 신문들은 미국인의 생활에 대한 모욕이라고 칭했다. 이 책은 미국에서 문학적 논쟁을 일으켰으며, 그 파장은 5000킬로미터 떨어진 유럽에까지 퍼져나갔다.

이 책은 그를 최고의 문학 스타로 만들어주었다. 몇몇 비평가들은 "작품이 훌륭하긴 하지만, 그 잘난 척하는 작자가 다시는 이런 작품을 쓸 수 없을 것"이라고 비꼬았다.

하지만 과연 그랬을까? 미네소타 주 소크 센터 출신의 이 빨강머리 소년은 곧바로 집필에 들어갔고, 그 후 6권의 베스트셀러를 단숨에 써 내려갔다. 나는 '단숨에'라고 표현했지만, 싱클레어 루이스는 자신의 책들을 단숨에 쓰지 않았다. 그는 끊임없이 수정하고 다시 쓰기를 반복하며 작품들을 완성해갔다.

그는 자신의 소설 《애로스미스》의 요약본을 쓰는 데 6만 단어를 사용했다. 다른 보통 소설의 절반보다 더 많은 분량이었다.

그는 12개월 동안이나 자본과 노동에 관한 소설을 집필했다가 원고를 휴지통에 던져버리기도 했다.

그는 《메인 스트리트》를 세 번에 걸쳐 고쳐 썼다. 처음 이 책을 쓰기 시작했던 건 정확히 책이 완성되기 17년 전이었다. 그 책 이후 《배빗》, 《애로스미스》, 《엘머 갠트리》, 《도즈워스》, 《앤비커즈》, 《그건 여기서 일어날 수 없어!》 등이 베스트셀러의 반열에 올랐다.

나는 싱클레어 루이스에게 본인이 자신에 대해 알고 있는 사실 중 가장 믿기 힘든 일이 무엇인지 말해달라고 청한 적이 있다. 그는 잠시 생각하더니 만약 자신이 작가가 되지 않았더라면 옥스퍼드 대학에서 그리스어나 철학을 가르쳤거나 깊은 숲속에 들어가 나무꾼들과 무리 지어 살았을 거라고 말했다.

그는 1년 중 6개월을 호화로운 파크 애비뉴에서 지내는 걸 좋아한다. 하지만 나머지 6개월은 벌링턴에서 남동쪽으로 120킬로미터 떨어진 버몬트 산맥의 한적한 곳에서 지낸다. 그 곳에는 사탕단풍 나무로 둘러싸인 340에이커의 농장이 있는데, 그는 직접 메이플 시럽을 만들고 채소를 재배한다. 그리고 머리를 손질해야 할 때만 시내로 나간다.

"싱클레어 씨, 유명해진 기분이 어떤가요?"라고 묻자 그는 이렇게 대답했다. "아, 아주 성가신걸요. 만일 제가 받는 우편물에 전부 답장한다면 저는 책을 쓸 시간뿐 아니라 잠잘 시간도 없을 거예요." 그래서 그는 대부분의 편지를 난로에 던져 넣고 불에 타는 것을 바라본다고 한다.

그는 쫓아다니면서 사인을 요구하는 사람들을 싫어하고, 공식적인 만찬회에도 거의 참석하지 않으며, 다과회를 곁들인 문학 모임도 피한다.

초창기에 겪었던 어려움에 관해 내가 이야기를 시작하자 그는 이렇게 말했다. "말끝마다 자기가 초반에 고생했던 사연을 늘어놓는 작가들을 보면 머리가 아파요. 대부분의 미국 작가들이 갖고 있는 문제점은 아직 고생을 덜했다는 거죠. 글쓰기를 처음 시작한다고 그들이 신참 의사나 변호사보다 특별히 더 고생하는 건 아닙니다. 하지만 그들은 자신들이 얼마나 힘든 시간을 보냈는가에 대해 큰소리치는 걸 좋아하지요."

나는 그가 꽤 오랫동안 아침 식사하기 두 시간 전에 일어나 주방에서 커피를 끓이며 식탁에서 글을 쓰곤 하지 않았느냐고 말했다. 그리고 남에게 150달러를 빌려 6개월간 직접 요리와 설거지를 해가며 밤낮으로 작품을 썼지만, 결국 판매된 것이라고는 2달러짜리 농담 하나뿐이었다는 사실도 상기시켰다. 하지만 그는 당시 즐겁게 일을 배우고 있었기 때문에 고생스럽지 않았으며, 자신의 인생에서 그때보다 더 좋았던 시간은 없었다고 말했다.

그가 쓴 책의 총 판매량을 물어보자 그는 모른다고 대답했다. "그래도 대충 어느 정도인지는 알고 계시지 않나요?"라고 묻자 그는 전혀 모른다고 대답했다.

이번에는 《메인 스트리트》덕분에 얻은 수익이 얼마쯤 되느냐고 물었더니, 그는 잘 모르겠고 사실 상관도 안 한다고 대답했다. 자신의 재산을 관리하는 변호사와 회계사가 있어서 그는 자신의 수입에 대해 전혀 관심이 없다고 했다.

그는 다양한 경험을 해보았다. 그의 아버지는 미네소타 주의 초원에서 일하던 시골 의사였다. 싱클레어 루이스는 가끔 아버지가 수술을 하는 동안 환자에게 마취제인 클로로포름을 주기도 했다. 한때는 가축 수송선에서 일하며 대서양을 건넌 적이 있고, 일자리를 구하기 위해 삼등 선실에 탄 후 파나마까지 가기도 했다. 또 어린이를 위한 동시를 썼고, 동료 작가인 잭 런던에게 이야기 소재를 팔기도 했으며, 청각 장애인을 위한 잡지 사의 편집 보조로 일하기도 했다.

그는 운동이라고는 전혀 하지 않았다. 도시인에게 필요한 운동은 택시 문을 열고 들어가는 것만으로도 충분하다는 조지 닌네이선의 의견에 동조했다. 그는 스포츠에도 관심이 없어서 유일하게 이름을 알고 있는 야구 선수는 베이브 루스이며, 유일하게 들어본 미식축구 선수는 레드 그레인지라고 한다.

"처음에 근무했던 신문사 세 군데서 해고당하셨다는 게 맞나요?" 내가 묻자 그는 이렇게 대답했다. "아니요. 네 군데였습니다."

나는 젊은 작가들에게 그가 어떤 조언을 해주고 싶은지 물어보고 싶어졌다. 그래서 내가 "어떤 조언을…" 하고 말을 꺼내는 순간 그는 "아니오. 없습니다"라고 답하며 질문을 끊었다. 누군가의 문제에 대해 타인이 하는 충고는 믿을 만한 게 못 된다고 생각하기 때문이었다.

어느 날, 그는 스웨덴 식 억양을 가진 사람으로부터 자신이 노벨 문학상 수상자로 결정되었다는 전화를 받았다. 싱클레어 루이스는 미네소타 주에 거주하는 스웨덴 사람들을 많이 알고 있었기 때문에 그들 중 한 친구가 자신에게 장난을 치는 거라 생각하고 자신도 그에게 농담으로 맞받아쳤다.

잠시 후 루이스는 그 말이 모두 사실임을 알고 깜짝 놀랐다. 자신이 진짜로 문학계에서 가장 위대한 상을 받게 되었던 것이다.

31

다이아몬드 짐 브래디

청혼을 하며 100만 달러를 건넨 통 큰 사업가

　브로드웨이의 하룬 알 라시드(페르시아 아바스 왕조 시대의 가장 유명한 군주―옮긴이)로 일컬어지는 다이아몬드 짐 브래디는 제1차 세계대전 중에 사망했다. 브로드웨이에서 가장 경이로운 인물 중하나가 사라진 것이다. 생전에 브래디는 힘들고 지친 세상에화려한 파티를 선물로 안겨주었다. 고대 로마 황제들이 꾀꼬리의 혀를 먹으며 잔치를 했던 시절 이후로 가장 성대한 파티였다. 가끔은 시내 다섯 군데에서 동시에 다섯 개의 파티를 열었는데, 때때로 이 파티들은 17시간 동안 떠들썩하게 진행되었으며 비용도 10만 달러나 들었다. 그는 파티가 끝난 후 집으로돌아가는 손님들에게 다이아몬드 브로치 장식품이나 하나에1000달러짜리 다이아몬드 시계 같은 기념품을 선물하는 것을즐겼다.

　브로드웨이의 방탕아였던 다이아몬드 짐은 아버지가 운영하던 뉴욕 부둣가 술집 위에 있는 싸구려 아파트에서 태어났다. 그는 동요를 배우기도 전에 술병의 코르크 마개를 뽑는 법을 먼저 배웠다. 하지만 평생 술은 한 방울도 마시지 않았다.

브로드웨이에서 최고의 권력을 장악했을 때, 그는 엄청난 돈을 들여 서반구의 그 누구보다 많은 샴페인과 라인 산 포도주를 사들이고는 친구들에게 모두 나누어주었다. 테이블 아래서 친구들이 술을 마시는 동안 다이아몬드 짐은 옆에 앉아 14~15잔 정도의 무알코올 맥주를 마시며 갈증을 달랬다.

몸무게가 110킬로그램 넘는 그는 먹는 것을 매우 좋아했다. 매일 밤 15가지 코스로 된 저녁 식사를 했고, 매 코스마다 두세 가지 메뉴를 추가했다. 식사 후에는 거의 500그램의 초콜릿을 먹었고, 극장에 갈 때는 박하사탕을 한 상자씩 가지고 갔다. 또 매주 친구들에게 사탕 수백 상자를 보냈는데, 사탕을 구입하는 데 드는 비용만 한 달 평균 2000~3000달러는 되었다.

그는 차와 커피를 몹시 싫어했지만 오렌지 주스는 무척 즐겼다. 그래서 식탁에 앉으면 턱 아래에 냅킨을 두르기도 전에 거의 4리터의 오렌지 주스를 마셨고, 종종 식사를 하면서 추가로 4리터를 더 마셨다. 한번은 치킨 여섯 마리를 앉은 자리에서 한꺼번에 먹어치운 적도 있었다. 여기까지는 환상적으로 들렸겠지만, 말년에 그가 수술을 받았을 때 의사들은 그의 위가 보통 사람들보다 여섯 배나 크다는 사실을 발견했다.

다이아몬드 짐 브래디는 어떻게 부자가 되었을까? 그는 이 나라가 만들어낸 가장 유능한 세일즈맨 중 한 사람이었다. 게다가 운도 따랐다. 그는 나무로 만든 객차가 철로를 장악하던 초기에 철로 만든 객차를 팔기 시작했다. 미국의 경제 규모는 팽창되고 있었고, 철로는 올가미 밧줄처럼 대양과 대양을 잇고 캐나다와 멕시코 만까지 힘껏 뻗어가고 있었다.

그가 처음 철로 만든 객차를 팔기 시작했을 때는 아직 실험 단계였기 때문에 원하는 사람이 아무도 없었다. 그래서 회사는 그에게 객차 한 대를 팔 때마다 33퍼센트가 넘는 수수료를 주 겠다는 파격적인 계약 조건을 걸었다. 곧 미국의 모든 철도 회 사가 강철 객차를 원하게 되었고, 철도 회사들은 그 차를 구하 기 위해 다이아몬드 짐 브래디를 찾아와 애원해야 했다. 당시 에는 그가 독보적인 존재였기 때문이다. 그는 이렇게 강철 객 차를 팔아서 1200만 달러를 벌게 되었고, 그 시대의 산물이 되 었다. 만약 그가 50년 후에 태어나 강철 객차를 팔았더라면 밥 값도 벌지 못했을 것이다.

다이아몬드 짐은 미국 서커스의 왕인 바넘 이후로 가장 기이 한 공연을 선보임으로써 스코히건에서 샌타페이에 이르기까 지 유명세를 떨치게 되었다. 그는 글자 그대로 자신을 다이아 몬드로 장식했다. 한 달간 매일 다른 종류의 세트를 착용할 수 있을 만큼 많은 보석을 소유하고 있었고, 하루에 예닐곱 번씩 보석을 바꿔 달았다. 그는 2548개의 다이아몬드와 19개의 루 비로 온몸을 번쩍이게 치장하고 브로드웨이를 산책하곤 했다. 자전거와 자동차 모양의 값비싼 셔츠용 장식 단추와 기관차와 화물차 모양의 커프스단추도 착용했다.

그는 터무니없을 만큼 많은 돈을 지출했다. 뉴저지에 농장을 갖고 있던 그는 축제 때는 두껍게 금으로 도금한 들통 안에 소의 젖을 받았다. 당구 테이블은 홍옥수와 청금석으로 장식했고, 포커 칩은 오닉스와 진주층으로 만들었다. 실내장식가에게 30만 달러가 넘는 돈을 지불하고 가구 배치를 맡겼으며, 매년 친구들에게 쓰던 가구를 나눠주고 다시 새 가구들을 직접 골라 구입했다.

여배우이자 가수인 릴리언 러셀에게는 금으로 도금하고 수백 개의 다이아몬드와 루비, 사파이어, 에메랄드 등으로 장식한 자전거를 선물한 적도 있다. 늘씬한 릴리언이 그 자전거를 타고 5번가를 지날 때면 교통이 마비될 정도였다.

다이아몬드 짐은 5000장의 손수건과 200벌이 넘는 정장을 갖고 있었으며, 대중 앞에 설 때는 항상 프록코트를 입고 높은 실크 모자를 썼다. 심지어 다람쥐 외에는 아무도 없는 서부의 철도 선로를 따라 소형 수동차를 타고 갈 때도 프록코트와 실크 모자를 쓰고 다이아몬드가 박힌 지팡이를 들었다.

다이아몬드 짐의 위가 일반인보다 여섯 배가 더 컸듯이 그의 마음 씀씀이도 그랬다. 오랫동안 그는 자신에게 찾아와 신세타령을 하는 거의 모든 이들에게 충분한 돈을 빌려주었다. 그 돈은 대부분 돌려받지 못하리라는 걸 알았지만 그는 개의치 않았다. "여유가 된다면 남에게 속아주는 것도 재밌다네"라고 그는 말했다.

자신이 죽어가고 있다는 걸 알았을 때, 그는 자신에게 20만 달러의 어음과 차용증서가 남아 있다는 걸 기억해냈다. 그가 마지막으로 한 일 중 하나는 자신이 갖고 있는 모든 어음을 폐기시켜서 그의 유언 집행자들이 그 돈을 돌려받지 못하도록 한 것이었다.

"만약 내가 죽는다면" 하고 그는 말했다. "나는 곧 죽을 겁니다. 하지만 골치 아픈 문제나 가슴 아픈 일은 남기지 않겠습니다."

그가 죽었을 때, 실제로 그는 그 많은 재산을 자선단체에 유산으로 남겼다. 그의 다이아몬드와 루비와 에메랄드는 200만 달러의 가치가 될 것으로 추정되었다. 그 보석들은 각각 기존의 세팅에서 분리되어 반지로 만들어졌고 다시 팔렸다. 그래서 오늘날 많은 여성들은 유래도 알지 못하면서 한동안 다이아몬드 짐의 통 큰 매력을 빛내주던 보석을 끼고 다닌다.

모두들 다이아몬드 짐을 '사랑'했지만 그는 언제나 독신이었다. 그는 릴리언 러셀의 무릎 위에 100만 달러를 올려놓고 결혼해달라고 청혼한 적이 있다. 하지만 그녀는 거절했다. 그는 "이 세상 누가 나처럼 못생긴 남자와 결혼하겠어"라고 말하며 테이블 위에 고개를 떨어뜨린 채 아이처럼 목 놓아 울었다.

32

헤티 그린

읽고 난 조간신문을 되팔고 7월의 땡볕 아래 천 조각을 모으던
당대 최고의 여자 갑부

　일찍이 헤티 그린은 미국에서 가장 부유한 여성이었다. 그가 사망했을 때 그녀의 재산은 최소 6500만 달러 이상이었는데, 아마도 1억 달러쯤으로 추정된다. 하지만 어떤 허드렛일을 하는 여성이라도 모두 헤티 그린보다는 더 근사한 옷을 입고, 더 나은 식사를 하며, 더 좋은 잠자리에서 잠들었을 것이다.

　그녀의 수입은 1분에 5달러, 즉 시간당 300달러였다. 하지만 그녀는 2센트짜리 조간신문도 사자마자 다 읽고서 되팔았고, 추운 겨울에는 온기를 유지하기 위해 종종 신문지를 몸에 둘렀다. 그 결과 현금을 내고 철도 회사 두 곳을 통째로 샀고, 미국에 있는 거의 모든 철도 회사의 채권을 소유하고 있었다. 하지만 그녀는 기차 여행을 할 때 절대 고급스러운 특실 침대칸을 이용하지 않았고, 일반 객실에서 똑바로 앉아 밤을 보냈다.

　한번은 그녀가 친구들을 만찬회에 초대한다며 보스턴에 있는 파커 하우스에서 만나자고 한 적이 있었다. 친구들은 모두

굉장히 멋진 모임이 될 거라고 기대했다. 그래서 여성들은 이 브닝드레스를 입었고, 남성들은 야회복을 갖춰 입고서 나타났다. 하지만 손님들이 도착하자, 헤티는 그들을 이끌고 호텔 밖으로 빠져나와 한참을 걷더니 자신의 싸구려 하숙집으로 데려가서 25센트짜리 저녁 식사를 내놓았다.

보스턴에 있을 때는 가끔 파이 앨리에 있는 한 식당을 찾았다. 그 식당에서는 콩 한 접시를 3센트에, 조그만 파이 한 조각을 2센트에 먹을 수 있었다. 그녀의 수입은 당시 매 초당 8센트가 넘었다. 즉 1초당 파이 네 조각을 살 수 있는 돈을 벌었던 것이다.

78세가 되었을 때, 한 신문기자가 그녀에게 건강 비결이 무엇인지 물었다. 그녀는 매일 아침 식사로 안심 스테이크와 감자튀김을 먹고 차 한 잔과 우유를 마신다고 했다. 그리고 스테이크와 우유에 들어 있는 세균을 죽이기 위해서 하루 종일 구운 양파를 씹는다고도 했다. 하지만 안타깝게도 양파 속의 세균을 죽이기 위해서는 무엇을 먹는지 말해주지 않았다.

타는 듯이 뜨겁던 1893년의 어느 날, 헤티 그린은 아버지가 물려주신 창고의 다락방으로 올라갔다. 7월의 태양은 철로 만든 지붕을 녹여버릴 기세로 내리쬐었고, 다락방을 지옥의 용광로만큼 뜨겁게 만들었다. 하지만 헤티 그린은 그 엄청난 더위 속에서 몇 시간이고 일을 했다. 무슨 일을 한 걸까? 그녀는 여러 색이 섞인 넝마 무더기에서 흰색 천만 골라내고 있었다. 고물상 아저씨가 흰색 천은 파운드당 1센트를 더 얹어주었기 때문이다.

그녀는 자신의 투자 대상을 살피기 위해 거의 모든 시간을 월스트리트에서 보내야 했는데, 그녀에게는 위험한 일이라는 것을 잘 알고 있었다. 만약 헤티가 뉴욕에서 아파트를 얻거나 가구를 하나라도 소유하게 될 경우, 세무서 직원이 급습해 매년 3만 달러의 세금을 부과시킨다는 걸 알았기 때문이다.

그녀는 세무서 직원을 피하기 위해서 싸구려 하숙집을 옮겨 다녔다. 심지어 친한 친구들조차 그녀가 어디서 잠을 자는지 모를 정도였다. 그녀는 가명을 사용하고, 누더기를 걸쳤으며, 가지고 다니는 짐도 적었기에 의심 많은 주인집 여자들은 종종 그녀에게 숙박비를 선불로 요구했다.

그런 그녀도 나이가 들자 사람들이 믿기 어려운 일을 했다. 한 번 시술받을 때마다 1년은 젊어 보이게 해준다는 친구의 설득에 넘어가 피부 관리를 받는 데 300달러나 쓰게 된 것이다.

헤티는 반드시 필요한 때가 아니면 절대로 서명을 하지 않았다. 사기꾼이 자신의 서명을 위조해서 수표에 사용할까 봐 두려웠기 때문이다. 그녀는 우편으로 받은 모든 편지 봉투를 모았다가 그 봉투 뒷면에 메시지를 적어 보냈다. 그렇게 하면 자신의 이름을 적을 필요가 없었다.

내 친구인 보이든 스파크스는 그녀의 전기《헤티 그린, 돈을 사랑한 여자》의 공동 저자다. 그가 말하길, 헤티 그린은 뉴욕의 케미컬 내셔널 뱅크에 몇백만 달러를 예치해놓고 자기 집처럼 이용했다고 한다. 자신의 트렁크와 옷가방을 은행에 두고 다녔고, 드레스와 먼지 묻은 덧신은 금고에 넣어두었다. 또 낡은 마차 한 대를 은행으로 몰고 와서 바퀴를 떼어낸 후 2층에 보관했으며, 호보켄에 있는 아파트를 떠날 때는 자신의 가구들을 은행에 맡겼다.

하지만 그녀는 여러모로 심성이 착했다. 은행에서 창문을 닦고 심부름을 하던 초라한 행색의 늙은 수위가 어느 날 해고당하자, 헤티 그린은 그를 측은하게 여겨 일주일 동안 그가 새로운 직장을 구할 수 있도록 도와주었다.

그녀는 심장마비로 81세에 세상을 떠났는데, 임종 때까지 그녀를 돌본 간호사들은 하얀 간호사복을 입을 수 없었다. 헤티가 그들을 일반 간병인이라고 여길 수 있도록 모두 평상복을 입은 것이다. 만약 그들이 고임금을 받는 전문 간호사들이라는 걸 헤티가 알았다면, 그녀는 평화롭게 눈을 감지 못했을 것이다.

33

존 배리모어

하루에 5000달러를 벌면서
애완용 독수리 먹이를 찾아 쓰레기통을 뒤진 영화배우

1876년 어느 무더운 여름날, 한 영국 청년이 뉴욕의 전통 있는 술집 호프만 하우스 바에 들어와 얼음을 넣지 않은 위스키 소다를 주문했다. 바에 있던 손님들은 이렇게 더운 날 얼음 없는 음료를 주문하는 소리를 듣고 깜짝 놀랐다. 그리고 그들은 그의 실크 모자와 알이 하나뿐인 안경, 그리고 정확하게 끊어지는 옥스퍼드 억양에 흥미를 보였다. 그런데 바에 있던 한 젊은 친구가 자신이 그들의 대표라도 되는 듯 그 영국 젊은이를 비웃었다.

돈 많은 뉴욕 사교계의 명사이며 운동선수였던 그는 은화 한 닢으로 자신의 한쪽 눈을 가리고 몸을 내밀며 말했다. "있잖아, 퍼시, 얼음도 안 넣고 마시는 스카치소다는 영국식인가 봐. 안 그래?"

당시 그는 이 실크 모자를 쓴 남자가 옥스퍼드 재학 시절 영국 아마추어 라이트급 복싱 챔피언이었다는 사실을 몰랐다. 그러나 이제 곧 순식간에 그는 이 사실을 깨닫게 될 것이었다. 그 영국 젊은이는 자신의 외알 안경을 조심스럽게 벗고 실크 모자를 눌러 머리에 꽉 맞게 쓰더니 최대한 정중하게 대답했다. "실례합니다만 선생님, 괜찮으시다면 제가 영국식이 무엇인지 보여드리지요." 이 말과 함께 그는 눈 깜짝할 사이에 그 뉴요커의 턱에 주먹을 날렸다. 5분 후 의식을 되찾은 젊은이는 자신을 쓰러뜨렸던 그 영국인 친구와 악수를 나누고 술집에 있던 모든 손님들에게 술을 한잔씩 돌렸다. 물론 얼음은 빼고! 사람들은 모두 환호성을 질렀다.

폭탄처럼 강한 주먹을 가진 이 실크 모자의 영국 청년은 장차 미국의 연극 역사를 새로 쓸 이름의 주인이었다. 전 세계 수천 개 극장의 전광판에서 오래도록 빛날 운명의 이름 말이다. 그의 이름은 바로 모리스 배리모어였다. 뛰어난 배우였던 에델 배리모어와 라이오넬 배리모어, 그리고 존 배리모어의 아버지였다.

배리모어 일가는 20세기 연극사에서 가장 유명한 연극인 가족이 되었다. 그들은 브로드웨이 무대에서 가장 유명한 스타였을 뿐 아니라 라이오넬과 존은 할리우드에서도 가장 유명한 스타가 되었다. 배리모어 가족은 워낙 유명해서 몇 년 전에는 그들과 그들의 친척을 소재로 한 연극인 〈명문가〉가 브로드웨이에서 크게 흥행했다.

이상하게도 배리모어 가에서 배우가 되길 바랐던 아이는 한 명도 없었다. 라이오넬과 존 형제는 화가가 되고 싶어 했다. 라이오넬은 연기를 끔찍하게 싫어해서 그의 할머니인 드루 배리모어가 제작한 연극 〈라이벌〉에서 자신을 제외시키자 무척 기뻐했다. 이제 자신이 정말로 원하던 일을 할 수 있게 되었기 때문이었다. 그는 화가가 되어 무대 위의 배경을 직접 그리고 싶어 했다.

라이오넬은 파리에서 잠시 동안 미술을 공부했고, 존은 〈뉴욕저널〉의 편집자인 아더 브리스베인을 도와 삽화와 만화 그리는 일을 했다. 그의 업무 중 하나는 엘라 휠러 윌콕스의 〈열정의 시〉라는 작품에 삽화를 그리는 것이었다. 그런데 존은 시가 표현하고자 하는 내용에는 전혀 관심이 없었고, 그저 자신이 흥미롭게 느끼는 것만 그렸다.

예를 들면 그는 윌콕스 부인의 열정적인 사랑의 시에 들어갈 삽화로 나뭇가지 끝에 목을 매고 죽어 있는 사람의 모습을 넣었다. 윌콕스 부인은 자신의 문학 활동을 매우 진지하게 여겼기 때문에 몹시 분개했다. 그녀는 격노하며 자신의 시를 조롱한 화가를 당장 데려오라고 호통쳤다. 그러나 그녀의 집을 방문한 젊고 잘생긴 배리모어를 보자, 이 중년 여류 시인은 기쁨을 넘어 가슴까지 설레었다. 그녀는 존에게 차를 내주면서 앞으로도 이 매력적인 청년이 늘 자신의 시에 삽화를 그리게 해달라고 요청했다. 하지만 그로부터 3주 후, 브리스베인은 무능함과 근무 태만을 이유로 이 매력남 존을 해고했다.

배리모어 형제는 뉴욕에서 작가인 프랭크 버틀러와 함께 지냈다. 그들은 예술가로 생계를 유지하느라 경제적으로 힘들었다. 하루는 존과 버틀러가 배가 고파서 버틀러의 금니 하나를 전당포에 맡겼는데, 술을 조금 마시다 보니 10센트밖에 남지 않았다. 그래서 그들은 그 돈으로 핫케이크와 커피 두 잔을 마실 수 있는 저렴한 식당을 찾아갔다. 존은 밖에서 조바심을 내며 기다리다가 버틀러가 핫케이크를 절반 먹고 커피 한 잔을 더 주문하는 순간 식당 안으로 뛰어 들어가 버틀러의 귀에 대고 무엇인가 속삭였다. 그러자 버틀러는 깜짝 놀라 "설마, 그럴 수는 없어! 불쌍하신 우리 어머니!"라고 신음하면서 식당 밖으로 뛰쳐나갔다. 그동안 존은 자리에 앉아 주문한 커피를 마시고 남은 핫케이크를 마저 먹었다.

라이오넬과 존 배리모어 형제는 그 시절 춥고 배고팠지만 그들의 꿈을 이루기 위해 열중했다. 라이오넬은 요즘 향수에 젖어 그 시절을 떠올린다. 그는 존과 함께 보낸 젊은 날의 추억을 되새기며 관현악 모음곡을 작곡한 적이 있다. 그 곡은 1944년 4월 22일 유진 오르먼디가 지휘하는 필라델피아 심포니 오케스트라에 의해 처음으로 연주되었다. 그 작품은 그들이 자신 앞에 끝없이 펼쳐진 눈부신 모험을 기대하던 젊은 시절, 세컨드애비뉴 카페에 앉아서 자주 듣던 집시의 노래나 민요처럼 주요 리듬이 흥겹고 경쾌했다. 라이오넬은 이 곡을 작곡하는 동안 존과 함께하는 듯한 느낌을 받았다고 말했다.

모리스 배리모어는 모든 종류의 동물들을 모았다. 라이오넬과 존도 변함없이 동물들을 사랑했다. 한번은 할리우드에 있는 라이오넬의 집 담장 사이의 빈 공간에 고양이가 새끼를 낳은 적이 있었다. 그는 행여 그 좁은 공간에서 새끼들이 죽을까 염려되어 담장을 일부러 헐어버리기도 했다.

존에게는 애완용 원숭이가 한 마리 있었는데, 이름이 클라멘타인이었다. 그는 이 원숭이를 어린 아기처럼 보살펴 주었는데, 크루즈를 떠날 때도 데리고 다녔으며, 식사도 같은 테이블에서 함께 했다.

존은 1900달러를 주고서 극락조 두 마리를 구입하고는 자신이 수집한 수많은 열대지방의 새들을 위해 거대한 새장을 지어주었다. 온도에 까다로운 그 녀석들에게 공기를 따듯하게 덥혀줄 특수 난방장치를 갖춘 그 새장은 무려 2만 달러였다.

그는 어마어마하게 큰 독수리를 사서 애완동물처럼 기른 적도 있다. 독수리는 거위만큼 컸고, 날카롭고 긴 부리를 갖고 있었다. 다른 독수리들처럼 녀석도 썩은 고기를 좋아했다. 하루에 5000달러를 버는 낭만적인 배우 존 배리모어는 가끔 독수리에게 먹일 만한 고기를 찾기 위해 할리우드의 쓰레기통을 뒤지며 다니기도 했다.

어느 날 밤, 배리모어가 볼품없는 작업복을 입고 거리를 걸으며 쓰레기통을 뒤지고 있을 때였다. 잘 차려입은 한 남자가 그를 보고는 배가 고파 쓰레기통에서 먹을 것을 찾는 가난한 사람으로 오해했다. 인심 좋은 그 신사는 존에게 25센트를 주면서 이렇게 충고했다. "이 돈은 다른 데 쓰지 말고 반드시 먹을 걸 사게나." 배리모어는 자신의 허름한 모자를 살짝 들어 올리며 인사했다. "선생님께 하나님의 축복이 있으시길!"

존 배리모어가 할리우드에서 벌어들인 수입은 300만 달러가 넘었다. 그는 1931년 한 해에만 거의 50만 달러를 벌었는데, 그 돈으로 각각 25만 달러의 집과 요트를 구입했다. 또한 자신의 수영장에 해시계가 달린 기둥을 설치하기 위해 8000달러를 쓰기도 했다. 제1차 세계대전 발발의 계기가 되었던 프란츠 페르디난트 대공의 궁전에 걸려 있던 샹들리에를 구입하기도 했다. 그 샹들리에는 겨우 75달러였지만, 걸어둘 방을 만드는 데는 3000달러가 들었다.

1934년 그는 요양을 하기 위해 인도에 갔다. 그해 그의 수입은 약 7만 5000달러였으며, 지출은 그 네 배인 30만 달러였다. 그다음 해에는 사정이 더 안 좋아졌다. 1935년에는 다섯 달 동안 하루 평균 825달러를 썼지만, 수입은 하루 33달러밖에 되지 않았다. 지출이 소득의 25배였던 것이다. 하지만 그는 대부분 다른 사람들을 위해 돈을 썼다.

그와 절친한 사이인 진 파울러는 이렇게 말한다. "배리모어는 옷차림에 전혀 신경 쓰지 않았습니다. 그는 시계나 반지 같은 액세서리도 관심이 없었어요. 손님들을 초대한 적도 거의 없었습니다. 고급 식당에서 비싼 옷을 입고 앉아 있는 것보다는 자신의 부엌이나 기회가 된다면 친구의 주방에서 청어를 구워 먹는 걸 더 좋아했지요. 용돈을 많이 쓰지도 않았어요. 청구서를 밀리지 않게 꼬박꼬박 챙기려고 노력했던 점을 제외하면 그는 돈에 대해 신경 쓰지 않는 것 같았습니다."

존 배리모어는 부랑아부터 윈스턴 처칠에 이르기까지 계층에 상관없이 다양한 친구들을 사귀었다. 런던에서 〈햄릿〉 공연을 중단하기로 결정했다가 계속할 수 있었던 것도 처칠의 격려 덕분이었다.

존은 조금도 관습에 얽매이지 않고 인생을 즐기며 살았다. 〈햄릿〉을 연기하던 어느 날, 그는 관객들에게 뭔가 기발한 것을 보여주고 싶었다. 그래서 막간에 타이즈를 입은 햄릿 복장 채로 커튼 앞에 나가서 악사가 색소폰 연주를 하는 동안 탭댄스와 민속춤, 그리고 왈츠를 추었다.

어느 날 밤에는 로맨틱한 연극 〈피터 이뱃슨〉의 러브신을 연기하며 꽃다발에 입맞춤을 한 다음, 꽃을 자신의 가슴에 꼭 끌어안았다. 그때 2층 발코니에 있던 젊은 여성이 웃음을 터뜨리자 배리모어는 이성을 잃고 소리쳤다. "만약 이 장면을 나보다 더 잘할 수 있다고 생각한다면 내려와서 직접 해보시지!" 그러고는 꽃다발을 객석으로 내던졌는데, 그만 어느 여성의 얼굴을 맞히고 말았다.

즉시 막이 내려졌다. 극장 안은 맹렬한 비난으로 가득 찼다. 극장 관리자는 폭동이 일어나지는 않을까 두려워했다. 연극은 30분 정도 중단되었다. 다시 막이 오르자 매니저는 배우들에게 만약 문제가 생긴다면 즉시 피신하라고 경고했다. 존이 다시 무대로 걸어 나오자 처음에는 침묵만이 흘렀다. 하지만 곧 그는 자신의 침착함과 매력, 뛰어난 연기로 청중의 마음을 사로잡았다. 얼마 지나지 않아 청중들은 환성을 지르며 끊임없는 환호를 보냈다.

한번은 독감이 유행하던 시기였는데, 청중들이 쉴 새 없이 기침을 해대자 배리모어는 짜증이 났다. 그는 외투 속에 커다란 생선 한 마리를 숨기고 있다가 청중의 기침이 시작되자 그 생선을 무대 앞으로 던지며 소리쳤다. "이거나 실컷 먹어라. 이 빌어먹을 바다코끼리들아!"

그리고 한번은 존이 〈리처드 3세〉의 유명한 대사를 절박하게 읊고 있었다. "말, 말을 다오. 그 말과 나의 왕국이라도 바꾸겠다." 그때 발코니에 앉아 있던 한 남자가 큰 소리로 웃었다. 그러자 배리모어는 즉시 자신의 칼을 발코니를 향해 쳐들고 외쳤다. "어서 저 시끄러운 당나귀 엉덩이에 안장을 얹어라!"

존 배리모어가 우리 시대의 가장 독보적인 햄릿 연기자 중 한 명이었다는 사실에는 의심의 여지가 없다. 그는 브로드웨이에서 그 어떤 배우들보다 오랜 기간 햄릿을 연기했다. 그렇기 때문에 라이오넬이 동생의 묘비에 이렇게 새겨 넣은 것은 지극히 당연한 일이었다. "잘 자요, 사랑스런 왕자님."

이 말은 자신의 품에 안겨 죽어가는 햄릿을 보며 탄식하던 호레이쇼의 대사였다. "잘 자요, 사랑스런 왕자님. 천사들이 날아올라 당신에게 영원한 안식을 노래하기를."

34

엘리 컬버트슨

도박장 밖으로 나가 싸우는 동안
1만 달러를 번 카드 게이머

1921년 한 성질 급한 젊은이가 파리의 대로를 건들대며 걷고 있었다. 그의 주머니는 거의 텅 비어 있었지만, 그의 마음은 끓어오르는 분노로 가득 차 있었다. 왜 그랬을까? 400만 달러나 강탈당했기 때문이다. 정확히는 그의 가족이 강탈당한 것이다. 수년 전에 미국의 지질학자이며 탄광 기사였던 그의 아버지는 러시아로 가서 유전을 발견하고 큰 재산을 모으게 되었다. 하지만 전쟁이 끝난 후 소련 정부는 아버지의 전 재산을 압수하고 무일푼으로 만들어버렸다. 게다가 아들인 그는 목숨을 구하기 위해 파리로 도망가야 했다. 1921년에 그에게 남은 거라고는 단돈 20달러와 굶주림뿐이었다.

그래서 그는 모든 것을 운에 맡겨보기로 했다. 그는 우연히 들른 도박장에서 슈만드페르(카드 게임의 하나—옮긴이)에 5달러를 걸었다. 그가 카드를 막 뒤집으려고 하는 순간, 한 프랑스인이 그의 발가락을 밟았다. 그는 순간 화가 치밀어 그 프랑스인에게 돼지라고 욕을 하며 즉시 사과할 것을 요구했다.

그 프랑스인은 사과를 했을까? 그러지 않았다. 오히려 몹시 모욕감을 느낀 그 프랑스인은 이 미국 젊은이에게 결투를 신청했다. 그들은 칼이나 총이 없었다. 그래서 도박장 뒤편으로 나가 맨주먹으로 싸웠다. 두 사람 모두 눈에 멍이 들고 코피를 흘린 후에야 서로 떨어져나갔다.

이 거만한 미국 청년이 도박장으로 다시 돌아왔을 때 그는 할 말을 잃었다. 자신이 판돈을 모두 쓸어 모으게 된 것이다. 그는 게임에서 한 번만 이긴 게 아니었다. 밖에서 싸우는 동안 그의 카드는 계속 그의 몫을 증가시켜 5달러가 1만 달러의 거금으로 늘어나 있었다. 그 결투는 그의 인생을 송두리째 바꿔놓았을 뿐 아니라 수백만의 미국인에게도 영향을 끼쳤다. 어떻게 가능했을까?

당신은 브리지 게임을 하는가? 그렇다면 컬버트슨 방식으로 하는가? 만약 그때 그 주먹싸움이 없었다면 아마 컬버트슨 방식도 존재하지 않았을 것이다. 엘리 컬버트슨이 도박장에 들어갔을 때, 그는 장차 제정러시아 군대에 입대해 볼셰비키 일당들에게 총검을 휘두르며 자신의 재산을 되찾기 위해 싸울 생각이었다. 하지만 주머니에 1만 달러가 생긴 그는 전쟁에 대해서는 모두 잊어버렸다. 대신 가장 빨리 미국으로 떠나는 배에 오른 뒤, 워싱턴으로 달려가 소련 정부를 상대로 400만 달러를 돌려달라는 소송을 제기했다. 그런 다음 소설가나 경제학 교수가 될 작정을 했다.

그때는 1921년이었다. 당시 컬버트슨은 초라한 카드꾼이었다. 하지만 이제 그는 콘트랙트 브리지 게임으로 일주일에 1만 달러, 즉 1년에 50만 달러를 벌어들이고 있다. 하지만 수익만 내는 것은 결코 아니다. 그는 전 세계의 브리지 팬들이 끊임없이 쏟아내는 수많은 질문에 답해주는 데만도 연간 3만 달러를 쓰고 있다. 그가 고용한 직원들이 모든 질문에 무료로 답을 해주기 때문이다.

자신의 이름이 콘트랙트 브리지와 거의 동의어가 될 정도로 성공한 컬버트슨은 독실한 스코틀랜드 장로교 아버지의 밑에서 자랐다. 아버지는 그에게 모든 도박은 죄악이며, 카드는 악마의 사악한 기구라고 가르쳤다.

칼 마르크스와 톨스토이의 제자였던 그는 항상 급진주의 사상에 사로잡혀 있었다. 러시아에서 학교를 다니던 소년 시절에도 친구들을 모아 비밀 혁명위원회를 조직했고, 자신의 미국 여권으로 스위스에 가서 레닌이 제네바에서 발행하고 있던 반입 금지된 볼셰비키 신문을 몰래 들여오기도 했다.

1922년 미국으로 돌아온 그는 철학과 사회학을 가르치고 싶었으나 일자리를 구하지 못했다. 그래서 석탄을 팔아보려 했으나 실패했고, 커피 장사도 해보았지만 역시 실패했다. 결국 그는 뉴욕에 있는 한 사회주의자 단체에서 프랑스 문학을 가르쳤고, 바이올리니스트였던 남동생을 위해 콘서트 매니저로 일하기도 했다.

그때 그에게는 브리지를 가르쳐보겠다는 생각이 전혀 없었다. 그는 카드 실력도 없는데다 고집만 센 카드꾼이었기 때문이다. 그는 질문을 너무 많이 했고, 게임이 끝난 뒤에도 분석하고 검토하는 게 너무 많아 어느 누구도 그와 게임하는 걸 원치 않았다. 그는 브리지에 관한 책을 많이 읽었지만 별로 도움이 되지 않자 자신이 직접 책을 쓰기 시작했다. 브리지에 관한 책을 5권이나 썼지만, 그 책들은 별 가치가 없었고 자신도 그 사실을 알고 있었다. 그래서 그 원고들이 활자화되기 전에 모두 찢어버렸다. 그 이후에 쓴 책들은 10여 개의 언어로 번역되어 거의 100만 부 가까이 팔렸다. 그의 책 가운데 한 권은 점자로도 출판되어 시각장애인들도 자신의 브리지 게임 실력을 키울 수 있었다.

컬버트슨은 1910년에 처음으로 미국에 왔다. 러시아인이었던 그의 어머니는 아들이 예일대에서 공부하기를 바라는 마음에 그를 미국으로 보냈다. 하지만 그는 영어 실력이 부족해 입학시험에서 떨어지고 말았다.

생각해보라. 그는 미국 시민이었고, 미국 역사를 속속들이 알고 있었으며, 러시아어, 독일어, 프랑스어, 스페인어, 그리고 이탈리아어까지 할 줄 알았다. 하지만 영어 시험은 통과하지 못했다. 그래서 예일대를 뒤로하고 캐나다로 가서 철도 건설 노동자들을 위한 시간 기록원으로 일했다. 그곳에서 그는 노동자들에게 회사가 그들을 기만하고 값싼 임금으로 그들의 노동력을 착취하고 있다고 떠벌리며 다녔다. 결국 노사 간의 갈등을 조장해 파업을 주도했다는 이유로 회사에서 쫓겨나고 말았다.

회사를 떠난 그는 300킬로미터나 걸어서 가장 가까운 마을에 도착했고, 온갖 우여곡절 끝에 태평양 연안까지 가게 되었다. 떠돌이들과 어울려 여행하며, 화물열차에 몰래 올라타고, 남의 집 부엌문 앞에서 음식을 구걸했다.

　오늘날 컬버트슨 방식의 브리지 게임을 하는 서부 출신 여성들 중 일부는 과거에 자신의 부엌 뒷문에서 컬버트슨에게 샌드위치와 뜨거운 커피를 건네주었을 가능성이 꽤 높다.

35

웬델 가문

뉴욕에서 가장 기묘한 부자 가족

뉴욕의 5번과 39번 도로가 만나는 지점에는 세간에 가장 무성한 소문을 불러일으키는 저택이 자리 잡고 있다. 사람들은 지난 20년 동안 그 집을 '미스터리 저택'이라 불렀다. 이 저택의 음산한 벽돌 담장을 토대로 추리소설과 신문 기사, 희곡뿐 아니라 영화까지 만들어졌다. 수년간 5만여 명의 사람들이 매일같이 단단히 못질된 그 집의 현관 앞을 지나갔지만, 굳게 닫힌 창문 너머로 인기척을 느낀 사람은 아무도 없었다.

만약 당신이 관광버스를 타고 5번 도로를 지나간다면 한눈에 웬델 하우스를 알아볼 것이다. 푸들이 뛰어놀기에 좋은, 100만 달러는 될 법한 마당을 유지하고 있는 세상에서 유일한 집이기 때문이다.

웬델 가는 뉴욕에서 가장 부유한 가문 중 하나로 그들이 소유한 부동산은 한때 1억 달러로 평가되었다. 하지만 그들은 과거를 고수했다. 독신이었던 남매들은 에이브러햄 링컨이 일리노이 주에서 무명의 시골 변호사였던 시절에 지어진 집에서 살았다. 그 집이 철거될 때 나는 그 앞을 지나게 되었는데, 인부들이 흑인 노예 시절부터 사용하던 아연으로 만든 욕조와 대리석 세면대를 옮기는 것을 보았다.

웬델 가는 눈이 덜 피로하다는 이유로 전기보다 가스등을 사용했고, 라디오나 식기 운반용 승강기, 엘리베이터, 자동차 등은 전혀 사용하지 않았다. 그 집에서 사용하는 유일한 현대 도구는 전화기뿐이었다. 그나마도 웬델 가의 마지막 자손인 엘라가 죽기 이틀 전에 설치되었다. 응급 시 간병인이 의사를 부르기 위해서였다.

웬델 하우스의 감정가는 겨우 6000달러였다. 변호사는 그 가족에게 그들이 6000달러짜리 집에서 살기 위해 하루에 1000달러의 비용을 내고 있다고 지적했다. 그 말은 사실이었다. 저택이 위치한 땅의 가치는 거의 400만 달러에 달했고, 그에 대한 이자와 세금을 합하면 하루에 총 1000달러가량 되었기 때문이다.

하지만 그 많은 재산에도 불구하고 웬델 가족들은 과거에 빠져 살았다.

존 고틀리브 웬델은 1914년에 사망했다. 죽을 때까지 그는 자신의 모든 양복을 남북전쟁 말기에 구입했던 옷과 똑같이 만들어 입었다. 그 옷은 40년 전에 구입했던 상자에 그대로 보관되어 있다. 그는 그 양복과 똑같이 만든 옷을 한번에 18벌이나 주문했으며, 염색한 옷은 절대로 입지 않았다. 그래서 검정 양복이 필요할 때는 스코틀랜드의 한 회사에서 특별히 준비한 검은 양의 털을 구입했다.

그는 비가 오든 화창하든, 여름이든 겨울이든 항상 우산을 가지고 다녔다. 그에게는 매년 쓰고 다녀서 말 그대로 다 떨어진 낡은 밀짚모자가 하나 있었는데, 계절이 바뀔 때마다 검정 니스 칠을 해서 새것처럼 빛나게 광을 냈다. 그리고 친구들을 점심 식사에 초대할 때는 라틴어로 쓴 초대장을 보냈다.

그는 원인을 알 수 없는 온갖 종류의 질병들은 발을 통해서 걸린다고 믿었다. 그래서 땅에 있는 세균들을 막기 위해 신발 밑창에 1인치 두께의 구타페르카(여러 종류의 고무나무에서 얻는 천연 열가소성 고무─옮긴이)를 깔았다.

존 고틀리브 웬델의 전성기 시절, 그는 뉴욕 최대의 건물주였다. 도시가 번성하면서 그는 가만히 앉아만 있어도 돈이 쌓였다.

웬델 가의 자매들은 술을 매우 싫어해서 100만 달러가 걸린 임대 계약도 거절하려 했다. 건물에 비치할 구급상자와 약상자에 0.5리터 이상의 알코올은 넣지 않겠다고 약속한 뒤에야 그 계약은 성사되었다. 그럼에도 불구하고 그들이 죽고 난 후 지하 저장고에서는 1만 달러 상당의 희귀한 포도주와 위스키, 샴페인 등이 발견되었다. 사람의 손이 닿지 않은 채 너무 오래 방치되어 있어서 수백 병의 와인은 식초로 변해 있었다.

존 고틀리브 웬델에게는 일곱 명의 누이가 있었다. 그는 모든 힘을 이용해 그녀들이 결혼하지 못하도록 막았다. 그들이 결혼을 하고 아이를 낳게 될 경우 웬델 가의 재산이 흩어질 것을 두려워했기 때문이다. 그래서 동생들에게 주변의 남자들은 모두 그녀들의 돈을 노린다고 경고했으며, 구혼자가 집으로 찾아올 때면 노골적으로 다시는 오지 말라고 말했다. 누이들 중 유일하게 레베카만 결혼했는데 그나마도 60세나 되어서였다. 다른 자매들은 외로움 속에서 시들어가다가 홀로 쓸쓸히 세상을 떠나갔다. 그들의 허망한 인생에 관한 이야기는 돈이 그 자체만으로는 얼마나 하찮은 것인지를 보여주는 씁쓸한 사례다.

자매들 가운데 가장 활발했던 조지아나는 집안의 구속에 맞서 싸웠지만 결국 피해망상 환자가 되어 병원으로 보내졌다. 그녀는 20년 동안 정신병동에 갇혀 지내다가 1930년에 사망했는데, 조지아나의 친구들은 대부분 그녀가 이미 오래전에 죽은 줄로 알고 있었다. 그녀의 재산은 500만 달러가량 되었는데, 그 돈은 그녀에게 5센트만큼의 행복도 가져다주지 못했다.

또 다른 자매인 조세핀은 웬델 가의 시골 저택에서 하인들만 거느린 채 홀로 살았다. 측은하게도 그녀는 자신의 집에 행복하게 뛰노는 아이들이 가득하다는 망상에 빠져서 상상 속의 그들과 함께 놀고 이야기를 나누곤 했다. 또 사람들이 자기를 만나러 왔다고 상상하고 하인들에게 6인분의 식사를 준비시키기도 했다. 요리가 나올 때마다 그녀는 자신이 그 손님들인 척하면서 차례로 자리를 바꿔 앉았다.

자매들이 한 명씩 세상을 떠날 때마다 그들이 지냈던 방에는 방문이 잠기고 덧문도 닫혔다. 혼자 남게 된 엘라는 그녀의 침실과 아래층의 식당, 그리고 그녀와 자매들이 외로운 학창 시절을 보냈던 크고 텅 빈 이층방 하나만 열어두었다. 오랫동안 그녀는 방이 40개나 되는 그 음산한 집에서 충실한 하인 몇 명과 애완견인 푸들 토비만을 두고 홀로 외로이 지냈다.

토비는 엘라의 방에 들여놓은, 자신의 주인 것과 똑같고 크기만 작게 만든 네 모서리에 기둥이 있고 덮개가 달린 침대에서 잠을 잤다. 그리고 식당에 있는 벨벳 식탁보가 깔린 강아지 전용 놋쇠 테이블에서 애견용 비스킷과 돼지고기 조각들을 먹었다.

그녀는 사망 후 감리교회의 선교 사업을 위해 수백만 달러를 남겼지만, 정작 자신은 교회에 나간 적이 거의 없었다.

그녀는 죽을 때까지 생존해 있는 친척은 단 한 명도 없다고 알고 있었다. 하지만 그녀가 사망한 지 1년도 지나지 않아 순식간에 2300명이나 되는 사람들이 그녀의 친척이라고 주장하면서 세계 곳곳에서 나타났다.

테네시 주에서만 290명이 나타나서 그녀의 3500만 달러에 달하는 유산 중 자신의 몫을 요구했다. 독일 영사관은 자신이 웬델 가의 자손이라고 주장하는 400명의 독일인 웬델들을 대표해 유산 청구를 전면적으로 제기했고, 체코슬로바키아에서도 상속인이 너무 많이 나타나서 외무부를 통해서 처리해야 했다.

존 웬델의 비밀 결혼을 통해 태어난 자식이라고 주장하던 사람도 두 명이나 있었다. 그중 한 명은 결혼 증명서와 유언장을 위조한 혐의로 감옥형을 선고받았다.

존 고틀리브 웬델은 한번도 유언장을 만든 적이 없었다. 어떤 변호사라도 자신의 재산을 통해 돈을 벌게 하고 싶지 않았기 때문이다. 그러나 그를 비웃기라도 하듯 웬델 가의 유산을 찾아서 몰려든 사람들 덕분에 250명의 변호사들이 재산 문제가 정리되기도 전에 수임료를 두둑이 챙겼다.

36

바실 자하로프

당신이 아는 사람의 죽음에
책임이 있을지도 모를 무기상

자하로프는 세상에서 가장 부유하고 가장 미스터리하면서 가장 혹독한 비난을 받은 사람 중 한 명이었다. 그의 목에는 10만 달러의 현상금이 걸려 있었고, 그에 관한 책도 많이 출판되었다. 그는 국제적인 불신과 국가 간의 증오를 이용해서 성공한 가장 경이로운 사람 중 하나였다.

끔찍한 가난 속에서 태어난 바실 자하로프는 기관총과 대포, 그리고 고성능 폭약을 판매하면서 이 세상 최고의 부를 축적한 사람이 되었다. 그의 전기 중 하나는 이런 구절로 시작된다. "수백만 명의 묘비는 그의 기념비가 될 것이다. 그리고 그들의 죽어가는 신음 소리는 그의 묘비명이 될 것이다."

스물여덟 살이 된 자하로프는 주급 25달러에 판매 수수료를 추가로 받으며 탄약 파는 일을 했다. 당시 그리스에서 살고 있던 그는 총기를 팔 수 있는 유일한 방법은 그에 대한 수요를 만들어내는 것뿐이라는 사실을 알고 있었다. 그래서 그리스인들의 두려움을 자극했다. 그들이 피에 목말라하는 적들에게 둘러싸여 있으며, 조국을 지키려면 총기류를 사야 한다고 말했다. 그러자 흥분의 물결이 온 나라를 휩쓸었다. 군악대는 연주를 하고 깃발들은 힘차게 휘날렸다. 연설가들은 군중들에게 열변을 토했다. 그 덕분에 그리스는 군대를 증강시키고 자하로프에게서 무기와 잠수함을 사들였다. 무기 중에는 최초의 전투용 잠수함도 포함되어 있었다.

이 거래를 통해 수백만 달러의 수수료를 벌게 된 자하로프는 터키로 달려가서 말했다. "그리스인들이 하는 짓 좀 보세요. 신무기인 잠수함을 구입하고서 지구상에서 당신들을 쓸어버릴 준비를 하고 있습니다." 이 말을 듣고 격분한 터키인들은 잠수함 두 대를 구입했다. 그로써 무기 경쟁이 시작되었고, 자하로프는 장차 3억 달러의 순익을 가져다줄 사업에 착수하게 되었다. 모두 피에 흥건히 젖은 돈이었다.

반세기가 넘도록 자하로프는 국가 간의 두려움을 증폭시키고 서로의 숙적에게 무기를 팔며 전쟁을 조장하는 방법으로 돈을 벌었다. 러일전쟁 중에는 양측에 무기를 팔았고, 스페인과 미국의 전쟁 중에는 미국 군인들을 공격할 총알을 팔았다. 제1차 세계대전 중에는 독일, 영국, 프랑스, 이탈리아에 있는 군수품 공장에 무기를 납품하면서 그의 부는 상상을 초월할 정도로 놀랄 만큼 증가했다.

50년 동안 그는 자신의 움직임을 최대한 비밀로 유지했다. 그리고 유럽 각국의 국방성을 고양이처럼 소리 없이 드나들었다.

그가 자신과 매우 흡사하게 닮은 사람을 두 명 고용했다는 이야기도 있었다. 그들의 임무는 대중 앞에 모습을 드러내는 것뿐이었다. 그 덕분에 신문들이 자하로프가 베를린이나 몬테 카를로에 있다고 보도하는 동안, 그는 다른 도시에서 자신의 비밀 업무를 수행할 수 있었다. 그는 기자들에게 사진 찍히는 것을 싫어했고, 어떤 인터뷰에도 응하지 않았다. 자신에게 쏟 아지는 맹렬한 비난에 대해 결코 해명이나 설명을 하지 않았 고, 반격하거나 대응하지도 않았다.

잘생기고 큰 키에 늠름한 스물여섯 살 청년이었던 그는 열일 곱 살의 소녀와 낭만적인 사랑에 빠졌다. 아테네에서 파리로 향하는 기차 안에서 그녀를 본 순간 그는 당장 그녀와 결혼하 기를 바랐다. 하지만 불행하게도 그녀는 이미 반미치광이에 나 이도 그녀보다 두 배나 많은 스페인 공작과 결혼한 상태였다. 그녀의 종교적인 신념 때문에 이혼도 불가능했기 때문에 자하 로프는 그 여인을 가슴속에 간직한 채 거의 50년을 기다렸다.

마침내 1923년에 남편이 정신병원에서 사망하자, 그 이듬해 에 그녀는 자하로프와 결혼했다. 당시 그녀는 65세였고, 자하 로프는 74세였다. 그리고 2년 뒤 그녀는 세상을 떠났다. 그녀 는 48년간 자하로프의 연인이었고, 18개월간 그의 아내였다.

죽을 때까지 그는 파리 근처의 아름다운 대저택에서 여름을 보냈다. 하지만 그가 태어난 곳은 그 대저택에서 멀리 떨어진 터키의 창문도 없는 진흙 오두막이었다. 어린 시절 그는 흙바 닥에서 잠들었고, 보온을 위해 넝마 조각들을 묶어 발치에 둘렀다. 굶주린 적도 많았다.

정규교육을 받은 건 겨우 5년이었지만, 그는 14개국의 언어를 구사할 수 있었고, 옥스퍼드 대학에서 명예 법학박사 학위도 받았다. 처음 영국에 왔을 당시 그는 감옥에 갇힌 도둑이었지만, 30년이 지난 뒤에는 영국 왕실로부터 기사 작위를 받았다.

1909년의 어느 여름날, 신원을 알 수 없는 한 유럽인이 파리의 유명한 동물원을 걷고 있었다. 그는 원숭이들이 초라하게 비쩍 마른 것과 동물원에서 가장 인기 있는 동물인 사자가 류머티즘을 앓고 있는 것을 보고 충격을 받았다. 동물원 전체가 황폐해 보였다. 그래서 자하로프는 관리인을 불러 거세게 항의했다.

관리인은 자신이 세상에서 가장 부유한 사람과 대화한다는 사실을 알아채지 못했다. 그래서 자신에게는 동물들을 돌보는 데 필요한 50만 프랑이 없다며 날카롭게 쏘아붙였다. 그 말을 들은 자하로프는 이렇게 말했다. "좋소. 그것만으로 된다면 내가 주리다."

무기 판매로 수백만 명을 죽음에 이르게 했던 이 남자는 동물들을 보살피기 위해 10만 달러짜리 수표에 서명을 했다. 그러나 관리인은 그의 서명을 알아보지 못하고 이상한 사람이 자신을 놀린다고 생각했다. 그래서 그 수표를 서류더미 사이에 던져놓고 까맣게 잊어버렸다. 몇 달 뒤, 그는 한 친구에게 그 수표를 보여주었다. 그런데 그 수표가 프랑스에서 제일가는 부자가 서명한 진짜 수표라는 사실을 알고는 소스라치게 놀랐다.

건강이 나빠진 자하로프는 85세의 나이에 쓸쓸하고 비참하게 세상을 떠났다. 하인이 밀어주는 휠체어에 탄 그에게 인생의 주된 관심사는 오로지 장미가 만발한 정원뿐인 듯 보였다. 그는 50년간 일기를 써왔는데 총 53권의 분량이었다. 소문에 의하면, 자신이 죽은 뒤 그 비밀 기록들을 모두 없애버리라고 지시했다고 한다.

37
바이런 경

담배를 씹고 손톱을 물어뜯으며
해골에 포도주를 따라 마신 '완벽한 연인'이던 시인

200년 전의 완벽한 연인은 어떤 모습이었을까? 어떤 유형의 남자가 우리네 할머니 가슴을 두근거리게 하고, 난롯가에 앉아 있던 할아버지를 질투에 몸을 떨게 만들었을까? 그 옛날에 돈 후안, 발렌티노 또는 클라크 게이블과 비견할 만한 사람은 누구였을까?

답은 간단하다. 200년 전에 여성의 마음을 사로잡는 능력에 관한 한, 로맨틱한 조지 고든 바이런과 겨룰 만한 남자는 이 세상에 아무도 없었다.

그는 당대의 가장 위대한 시인이었다. 그의 영향력은 19세기 문학의 모든 흐름을 바꿔놓았다. 그는 우리가 시선집에서 찾아볼 수 있는 가장 격정적이면서도 가장 감미로운 몇 편의 낭만시를 썼다. 그는 수십 명의 여성과 사랑에 빠졌지만, 정말 이상하게도 자신의 이복 누이를 사랑했다. 그들 사이의 염문은 유럽을 충격에 빠뜨렸고, 그녀의 인생을 망쳐버렸다. 결별한 뒤 그는 그녀에게 자신의 작품 중 가장 아름다운 시 한 편을 바쳤다.

오랜 세월이 흐른 뒤
나 그대를 만나면
내 어찌 인사하리오?
다만 침묵과 눈물뿐.

바이런의 악명이 높아질수록 그를 흠모하는 여성들도 늘어
났다. 그를 향한 여인들의 숭배는 거의 광적이었다. 결국 바이
런의 아내가 그의 잔혹함을 더 이상 견디지 못하고 떠나버리
자, 유럽 여성의 절반은 오히려 그녀를 맹렬히 비난했다.

이들은 바이런에게 시와 연애편지 세례를 퍼부었고, 자신의
머리카락 뭉치를 잘라 보냈다. 온 런던 시민들이 우러러볼 정
도로 아름답고 똑똑하고 돈도 많았던 영국의 한 유명한 귀부인
은 남장을 한 채 퍼붓는 빗속에서 몇 시간 동안이나 완벽한 연
인이던 바이런이 그의 신성한 처소에서 나오기를 기다렸다. 또
다른 여인은 바이런에게 완전히 마음을 빼앗겨서 영국에서부
터 이탈리아까지 쫓아다니며 성가시게 굴어 바이런을 지치게
만들었다.

연인들의 위대한 화신이자 200년 전의 발렌티노(미국의 유명
한 미남 배우—옮긴이)라 할 수 있는 그는 과연 어떤 모습이었을까?
그는 한쪽 발이 기형이라 심하게 절뚝거렸다. 손톱을 물어뜯고
담배를 씹었으며, 시카고의 갱단처럼 총알이 장전된 권총을 차

고 대낮에 허세를 부리며 19세기 영국의 거리를 돌아다녔다. 또 성질이 포악해서 사람들이 자신을 볼 때면 기형 발을 쳐다본다고 생각해서 혈압 수치가 20포인트나 높아졌다.

완벽한 로미오라고 일컬어지던 이 시인은 여성을 괴롭히기를 좋아했다. 결혼식이 끝난 지 두 시간이 지났을 때 그는 신부에게 자신은 그녀를 증오하고 순전히 악의로 결혼했으며, 자신을 처음 만났던 날을 후회하며 살게 될 거라고 말했다. 실제로도 그렇게 되었다.

그들의 혼인 서약은 1년간 유지되었다. 그가 한 번도 아내를 때리지는 않은 것은 분명하지만, 가구를 박살내고 자신의 애인들을 집으로 데려왔다. 결국 그의 아내는 의사를 불러 남편이 미친 게 아닌지 봐달라고 했다.

바이런의 대저택 근처에 살았던 사람들은 이상한 이야기를 전했다. 그의 하인들은 모두 젊은 아가씨들이었는데, 하나같이 아름답고 쾌활한 성격이었다고 했다. 또 성직자처럼 길고 검은 복장을 한 바이런과 그의 손님들이 어찌나 흥청망청하며 놀았는지 사치스러운 벨사살(고대 바빌론의 황제로서 호사스러운 생활로 유명함—옮긴이) 왕의 만찬쯤은 기독교 여성 금주협회 신자들의 아침 식사로 보이게 할 정도였다고 한다.

상냥한 하녀들이 포도주를 가져오면 바이런과 그의 친구들은 인간의 해골 잔에 담아 마셨다. 사막의 보름달처럼 반짝일 때까지 깨끗이 닦고 광을 낸 해골이었다.

늘씬하고 우아한 바이런은 자주 아폴로 조각상과 비교되었다. 그의 피부는 매우 흰 편이라 그를 흠모하는 여성들은 그가 '자체적으로 빛을 발하는 흰 대리석으로 만든 꽃병'처럼 보인다고 묘사했다. 그러나 그들은 바이런이 그런 모습을 보여주기 위해 어떤 고통을 겪었는지는 알지 못했다. 그는 평생에 걸쳐 매일, 매순간 짜증나고 진이 빠지는 살과의 전쟁을 끊임없이 치르고 있었다. 늘씬하고 사랑스러운 모습을 유지하기 위해 그는 할리우드에서도 기피할 정도의 실행 불가능한 다이어트를 견뎌냈다.

예를 들어 그는 하루에 한 끼만 먹었는데, 그 식사조차 소량의 감자나 식초를 뿌린 밥이 전부였다. 음식에 변화를 주고 싶을 때는 마른 크래커 한 줌을 우적우적 씹어먹고 소다수 한 잔을 마셨다.

'자체 발광하는 흰 대리석 조각'이라니! 그가 기근이 심한 지역인 중국의 해골바가지로 보이지 않았다는 게 기적이다. 그는 혐오스러운 체지방을 낮추기 위해 펜싱과 권투, 그리고 승마와 수영을 즐겼다. 당대 최고의 시인이었던 이 남자는 자신이 쓴 불멸의 작품들보다도 헬레스폰트 해협을 횡단했다는 사실에 더 큰 자부심을 느꼈다. 크리켓 경기를 할 때는 조끼를 일곱 벌이나 껴입고 땀을 흘렸지만, 그 정도로는 살을 빼기에 부족했다. 그래서 일주일에 세 번씩 증기탕에 가서 마사지를 받으며 비지땀을 흘렸다.

이런 무모한 다이어트는 그의 소화 기능을 망가뜨렸다. 그 결과 그의 침실에는 온갖 알약과 물약 냄새가 진동했다. 그의 침실은 세상에서 가장 매혹적인 연인의 안식처라기보다는 약국에 가까웠다.

그는 아편의 도움을 받아야 할 정도로 끔찍한 악몽에 시달렸다. 하지만 아편도 그 악몽을 억누르지는 못하자, 총알이 장전된 권총 두 자루를 침대 곁에 두었다. 적막만 흐르는 밤에 이를 갈고 소리를 지르며 잠에서 깨어날 때면 방 안을 이리저리 서성거리며 권총과 단검을 휘둘렀다.

그의 일상은 〈트루 컨페션스〉(20세기 초반부터 간행된 미국의 생활 고백 잡지—옮긴이) 잡지에 실릴 만큼 독특했다. 심지어 그의 아내에 관한 문제는 '보이스 오브 익스피어리언스'(50대 이상의 복지를 위한 영국의 민간단체—옮긴이)에서도 쩔쩔맬 만큼 복잡했다.

바이런 경이 악몽에 시달리던 그 오래된 대저택에는 오래전 그 저택에 살다 죽은 수도사의 귀신이 나타났다. 바이런은 검은 두건을 쓴 그 유령이 복도에서 무서운 눈으로 자기 옆을 자주 지나갔다고 주장했다. 이 끔찍한 유령은 그의 불운한 결혼식이 있기 전날 밤에 목격되었다.

수년 뒤 그는 이탈리아에서 숲 속으로 걸어가는 시인 셸리의 환영을 보았다고 주장했다. 그 당시 셸리는 거기서 멀리 떨어진 곳에 있었고, 바이런도 그 사실을 알고 있었다. 그런데 이상하게도 얼마 지나지 않아 셸리는 정말로 폭풍에 휩쓸려 호수에 빠져 익사했다. 바이런은 손수 화장용 장작더미를 쌓고 셸리의 시신을 화장시켰다.

그에게는 두려워하는 미신이 또 하나 있었다. 한 집시 예언가가 그에게 서른일곱 살에 죽을 거라고 예언한 적이 있었다. 그런데 실제로 그는 36번째 생일을 보낸 지 3개월 만에 사망했다. 바이런은 이 불길한 저주가 자신의 가족을 파멸시킬 거라고 믿었고, 36번째 생일이 그의 가문에 치명적일 것이라고 확신했다.

현대의 전기 작가들 중 일부도 그의 생각에 동의하는 분위기다. 바이런의 아버지도 서른여섯 살에 사망했고, 바이런과 거의 똑같은 삶을 살았던 그의 딸도 서른여섯 번째 생일 전날 밤에 죽었기 때문이다.